围棋定式

二选一 从入门到精通（级位篇）

赵守洵 著

人民邮电出版社

北京

图书在版编目（CIP）数据

围棋定式二选一从入门到精通. 级位篇 / 赵守洵著
. -- 北京 : 人民邮电出版社, 2020.6（2023.2重印）
ISBN 978-7-115-53657-0

Ⅰ. ①围… Ⅱ. ①赵… Ⅲ. ①定式(围棋)－习题集
Ⅳ. ①G891.3-44

中国版本图书馆CIP数据核字(2020)第045822号

内 容 提 要

本书是由少儿围棋教育专家、职业五段棋手赵守洵专为围棋初学者创作。本书分别介绍了小目定式、星位定式、三三定式、目外定式和高目定式，内容涵盖从围棋入门到业余1级所需要掌握的主要定式知识。本书的题目难度循序渐进，讲解层层推进，以抽丝剥茧的方式为读者梳理出清晰的解题思路，能够引发思考，开拓思路，帮助读者获得举一反三的学习效果，有效提升棋艺。

◆ 著　　　　赵守洵
　责任编辑　裴　倩
　责任印制　周昇亮

◆ 人民邮电出版社出版发行　　北京市丰台区成寿寺路 11 号
　邮编　100164　　电子邮件　315@ptpress.com.cn
　网址　https://www.ptpress.com.cn
　北京虎彩文化传播有限公司印刷

◆ 开本：880×1230　1/32
　印张：6.5　　　　　　2020 年 6 月第 1 版
　字数：169 千字　　　　2023 年 2 月北京第 2 次印刷

定价：35.00 元

读者服务热线：(010)81055296　印装质量热线：(010)81055316
反盗版热线：(010)81055315
广告经营许可证：京东市监广登字 20170147 号

目录

教学视频访问说明

本书提供部分习题的教学视频，您可以通过微信中“扫一扫”的功能，扫描本页的二维码进行观看。

步骤1 点击微信聊天界面右上角的“+”，弹出功能菜单（如图1所示）。

步骤2 点击弹出的功能菜单中的“扫一扫”进入功能界面，扫描本页的二维码。

步骤3 如果您未关注“人邮体育”公众号，在第一次扫描后会出现“人邮体育”的二维码（如图2所示）。关注“人邮体育”公众号之后，点击“资源详情”（如图3所示）即可观看教学视频。

如果您已经关注了“人邮体育”微信公众号，扫描后可以直接观看教学视频。

图1　　图2　　图3

第1章 小目定式

本章要学习的是“小目定式”。小目是围棋中最常见的占角方式之一。小目定式中，有些是变化简单的下法，有些则非常复杂。最重要的是理解定式的思路。本章以选择题的方式进行，初学者尽可能从思路上理解透彻，再做出选择。

小贴士 进攻、防守、围地、破坏，是对局中永恒的四个主题。对于定式的选择，也要从“攻防围破”的角度出发，进行思考。

第1题（黑先）

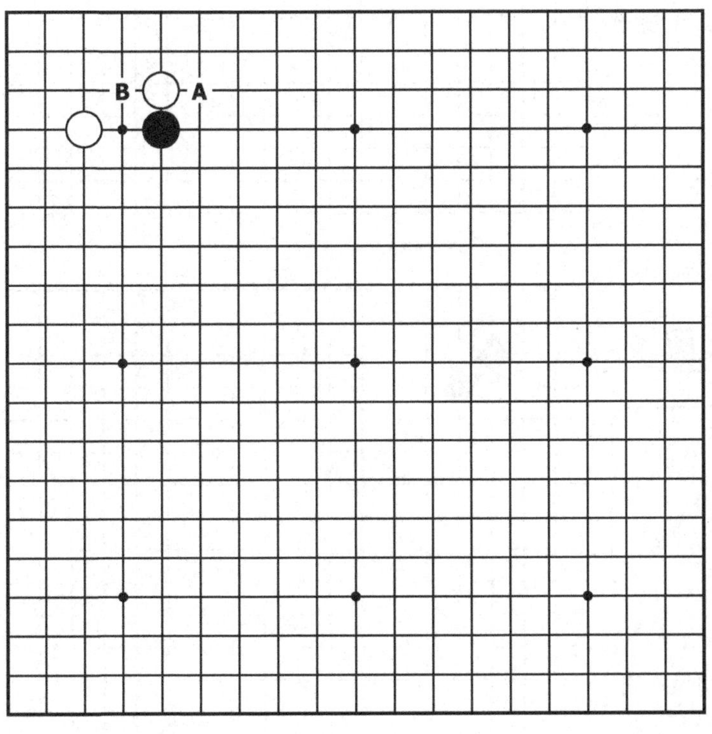

想一想，哪里是正确的选择？在正确选项后面的括号中画「√」。

A（　　）　B（　　）

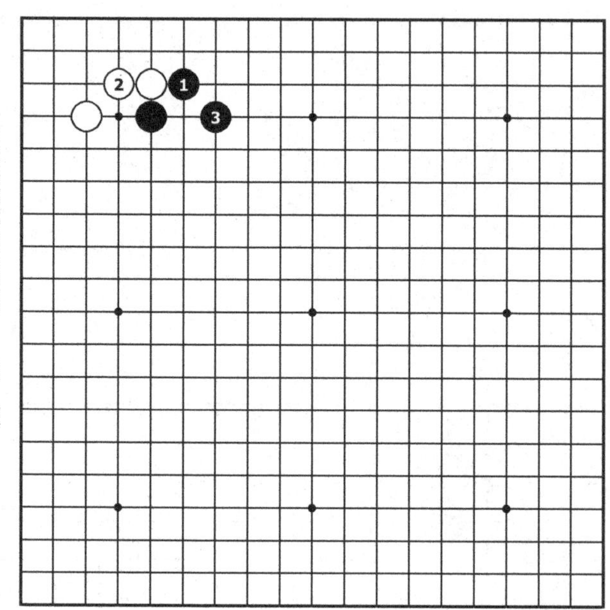

黑1选择正确。如此是定式的标准下法。

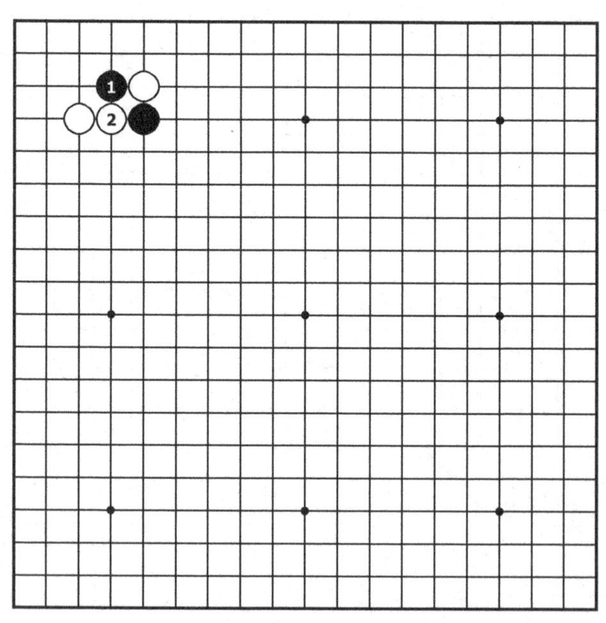

黑1选择错误。这里作战明显不利，如此将陷入被动。

2 第2题（黑先）

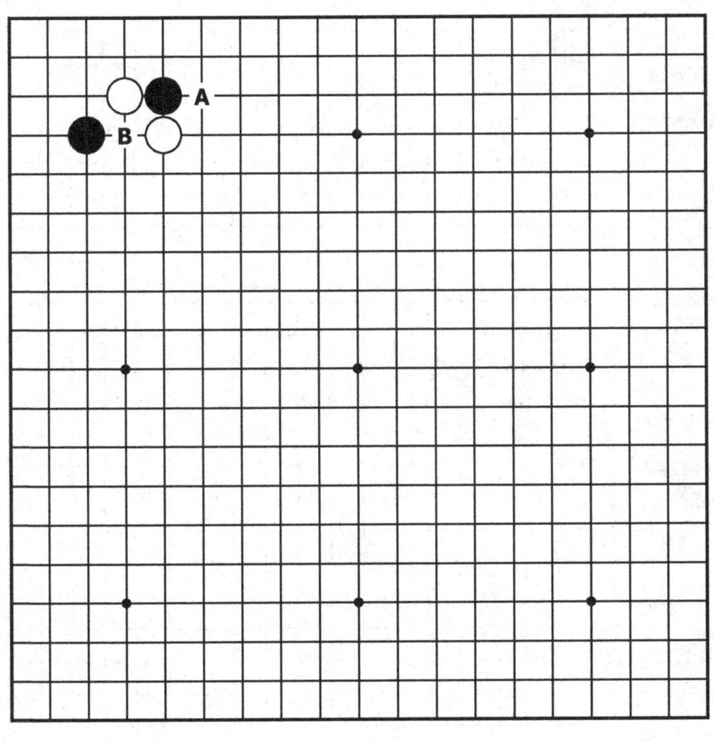

想一想，哪里是正确的选择？在正确选项后面的括号中画「√」。

A（　　）　B（　　）

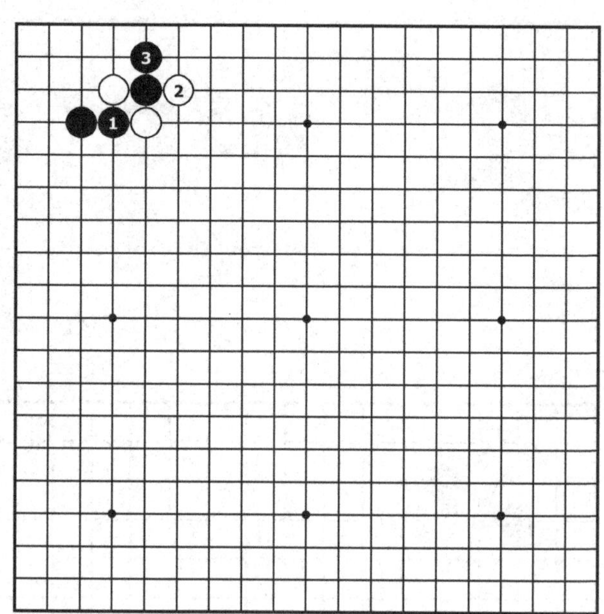

黑1选择正确。此处必须分断与白棋作战。在此战斗中，黑棋有利。

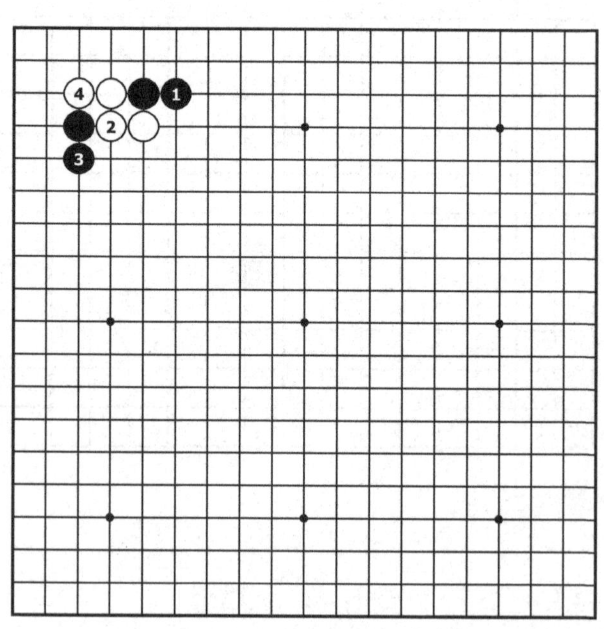

黑1选择错误。此处不能回避，被白2分割后黑棋陷入苦战。

3 第3题（黑先）

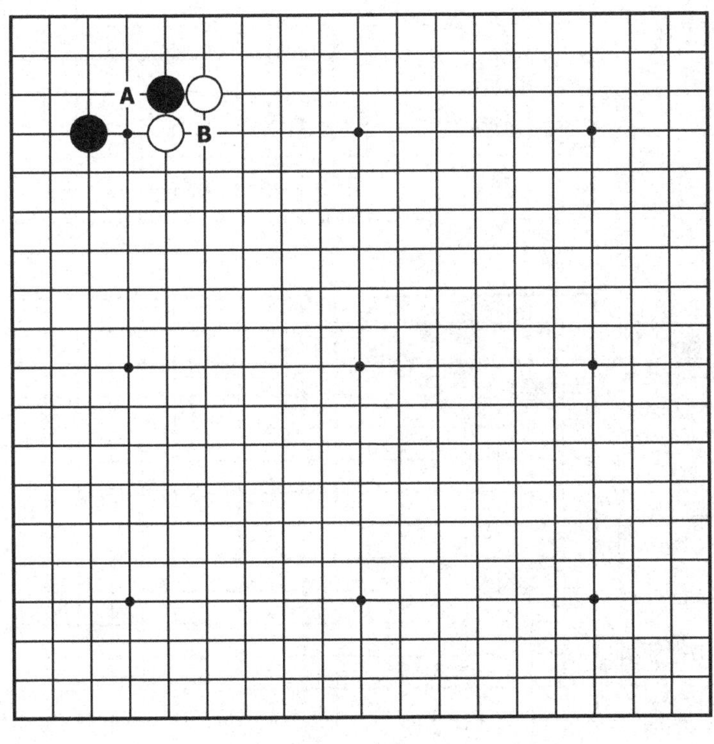

想一想，哪里是正确的选择？在正确选项后面的括号中画「√」。

A（　　）　B（　　）

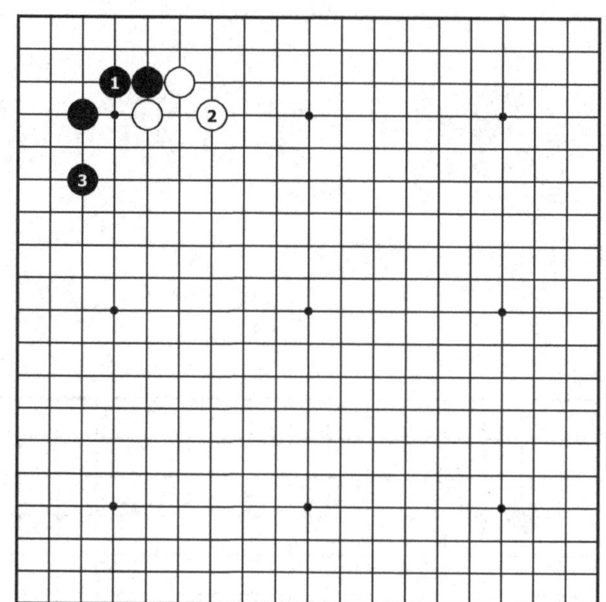

黑1选择正确。如此是定式的标准下法。

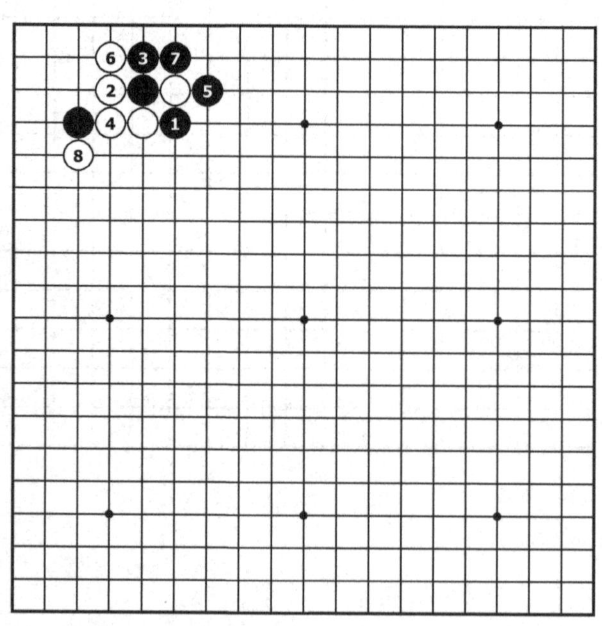

黑1选择错误。这里作战明显不利，如此转换黑大亏。

第4题（黑先）

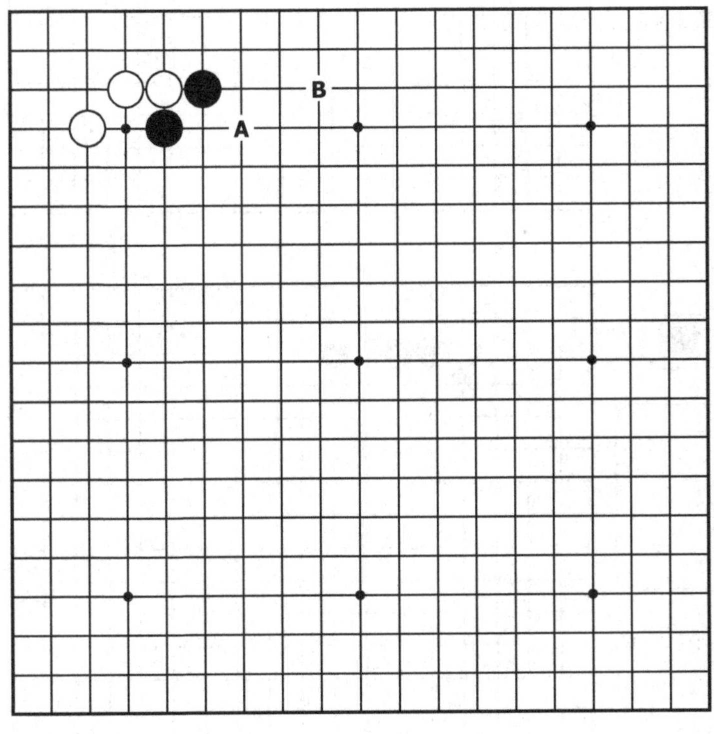

想一想，哪里是正确的选择？在正确选项后面的括号中画「√」。

A（　　）　B（　　）

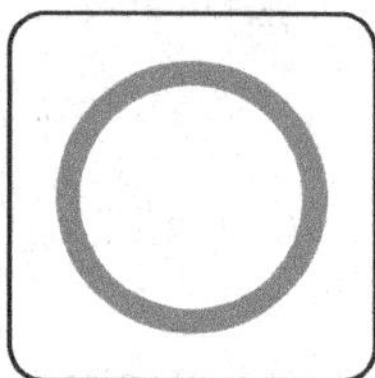

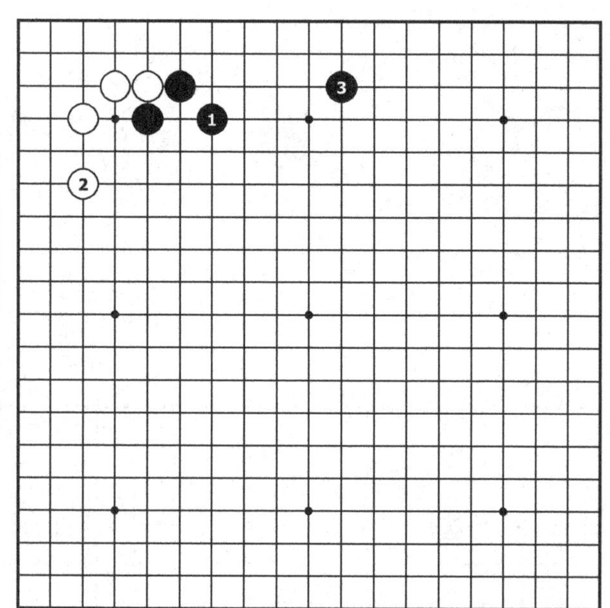

黑1选择正确。如此是定式的标准下法。

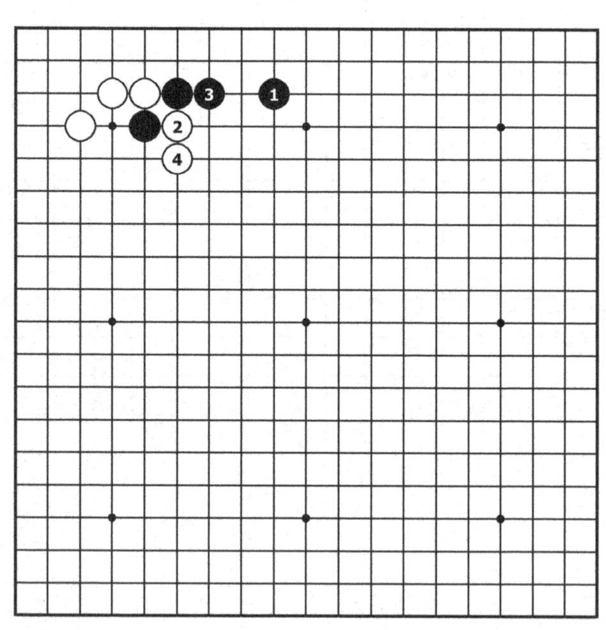

黑1选择错误。被白2断后，损失太大。

5 第5题（黑先）

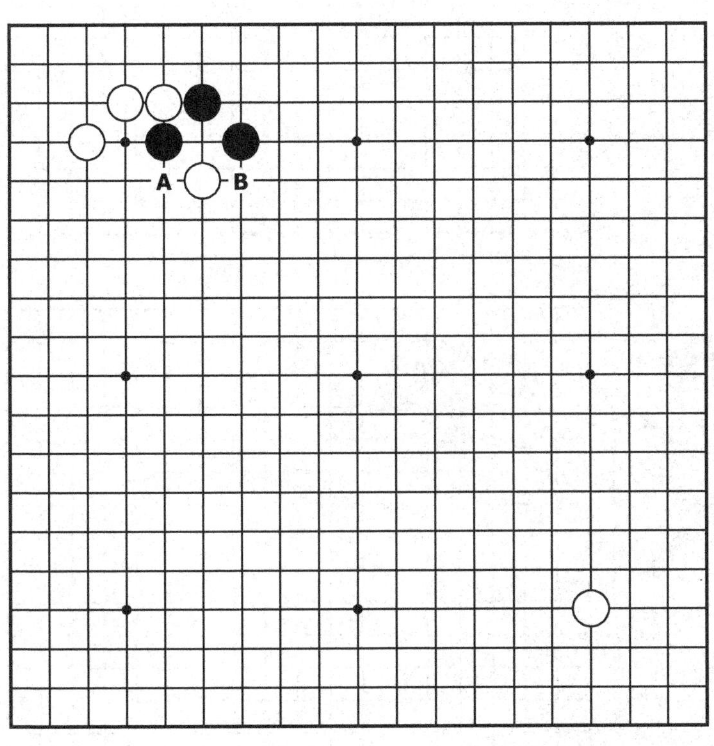

想一想，哪里是正确的选择？在正确选项后面的括号中画「√」。

A（　　）　B（　　）

正解

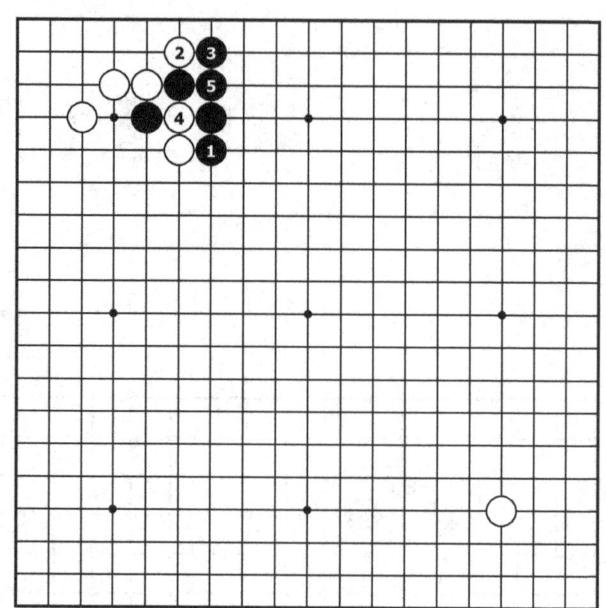

黑1选择正确。如此是定式的标准下法。

错解

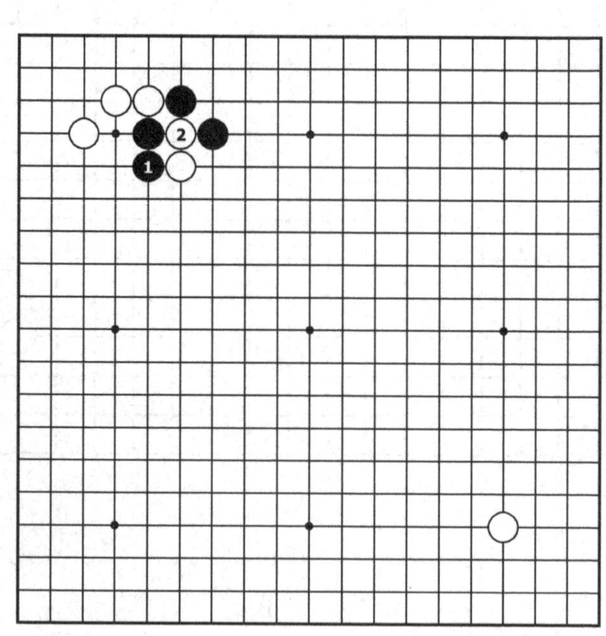

黑1选择错误。被白2断后，局部崩溃。

6 第6题（黑先）

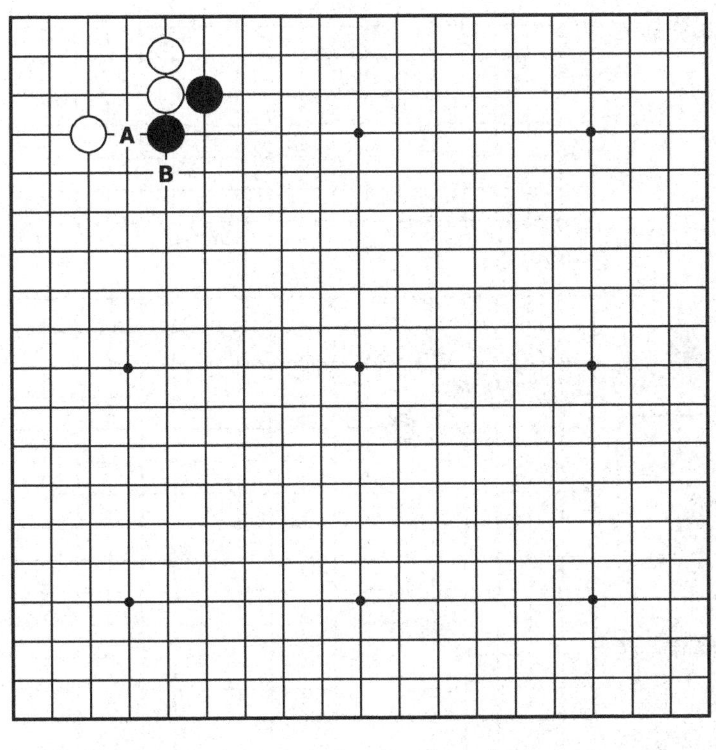

想一想，哪里是正确的选择？在正确选项后面的括号中画「√」。

A（　　）　B（　　）

正 解

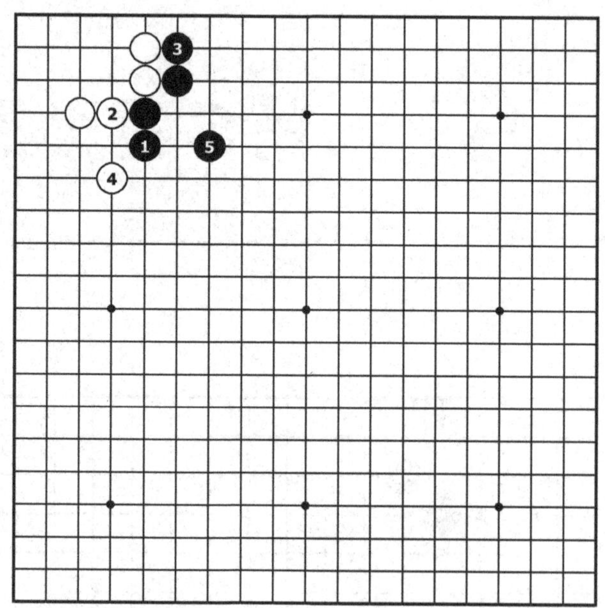

黑1选择正确。如此是定式的标准下法。

错 解

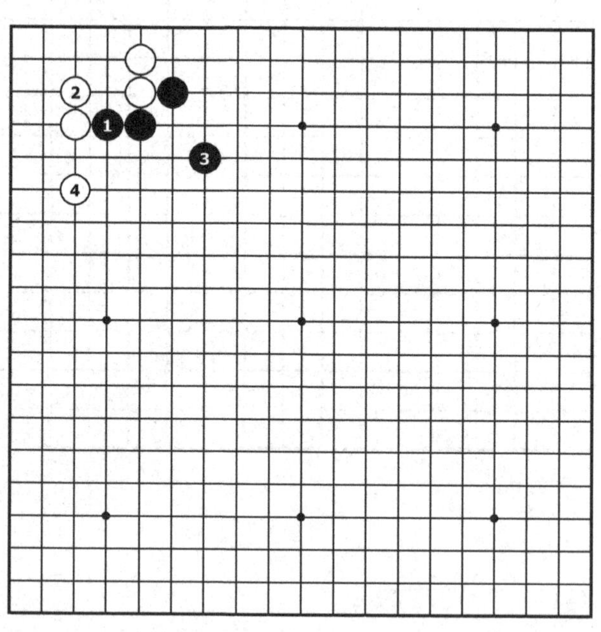

黑1选择错误。这里交换是大俗手，帮白棋把弱点补强，黑亏损。

7 第7题（黑先）

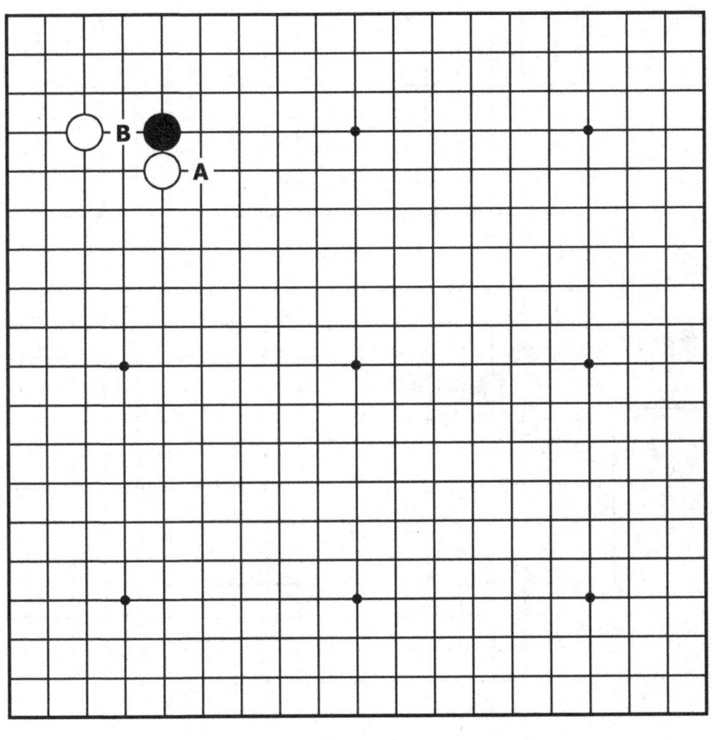

想一想，哪里是正确的选择？在正确选项后面的括号中画「√」。

A（　　）　B（　　）

正 解

黑1选择正确。如此是定式的标准下法。

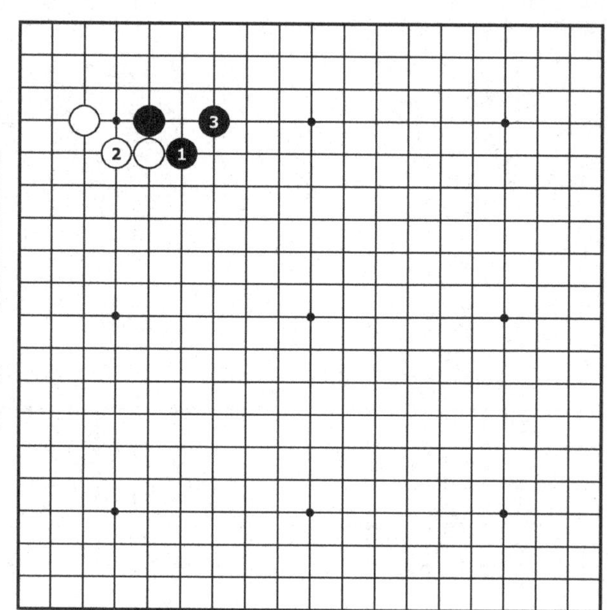

错 解

黑1选择错误。此手是俗手，局部吃亏。

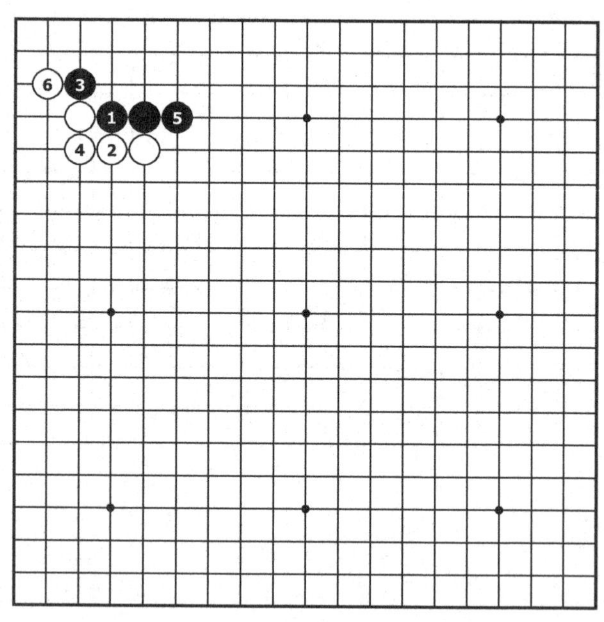

8 第8题（黑先）

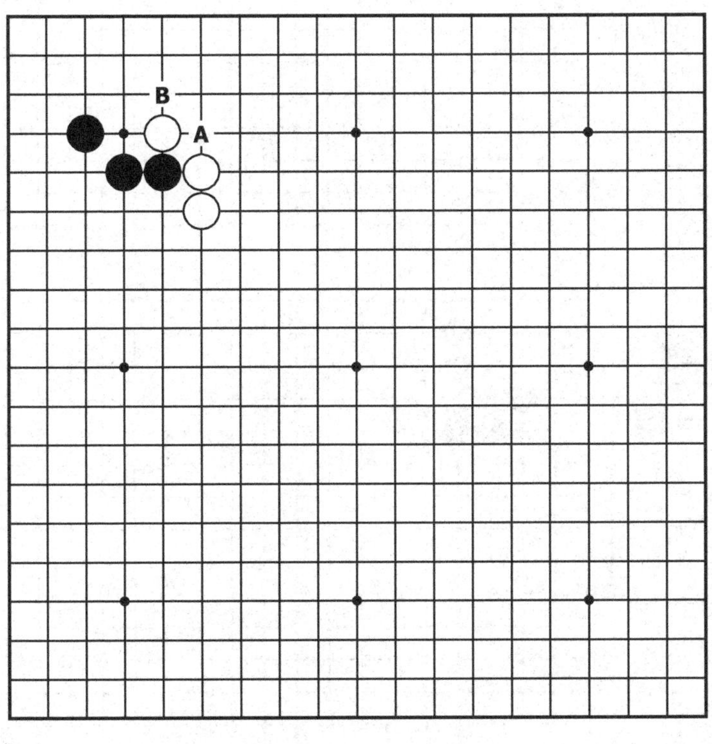

想一想，哪里是正确的选择？在正确选项后面的括号中画「√」。

A（　　）　B（　　）

正解

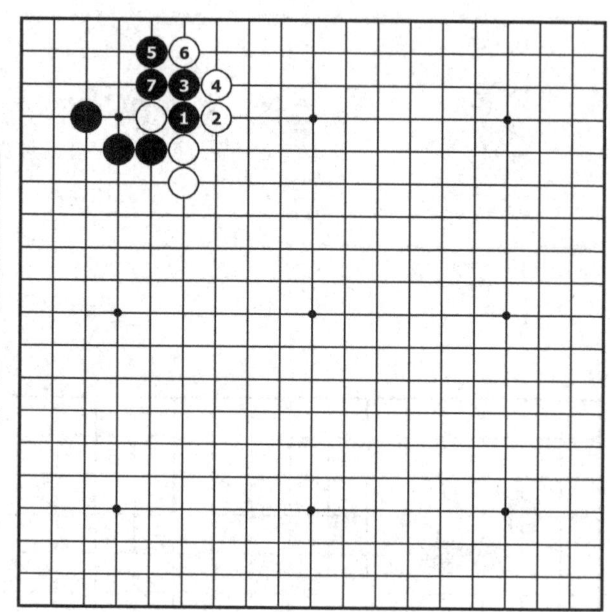

黑1选择正确。如此是定式的标准下法。

错解

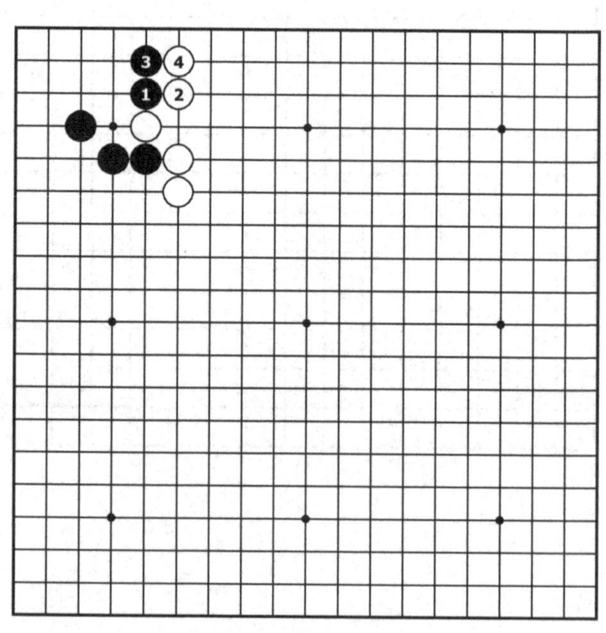

黑1选择错误。太软弱，此处不怕与白棋一战。

9 第9题（黑先）

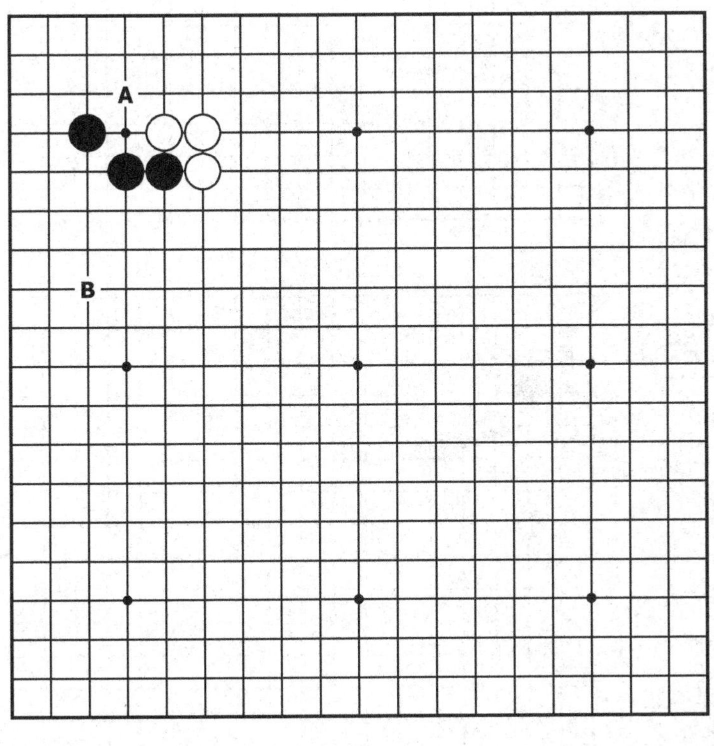

想一想，哪里是正确的选择？在正确选项后面的括号中画「√」。

A（　　）　B（　　）

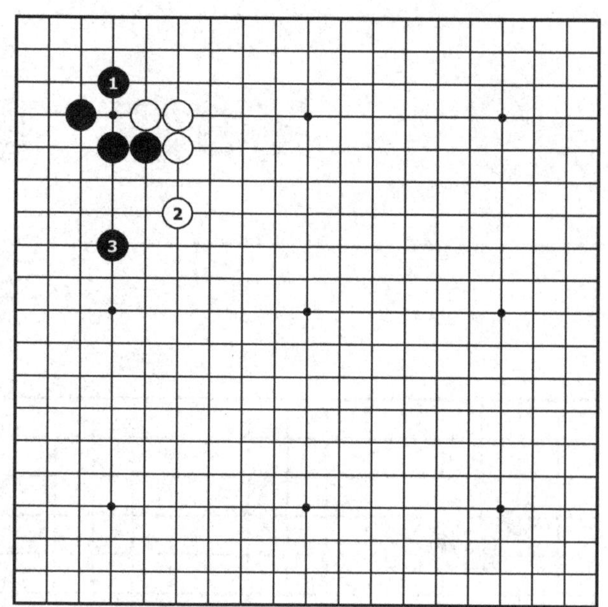

黑1选择正确。如此是定式的标准下法。

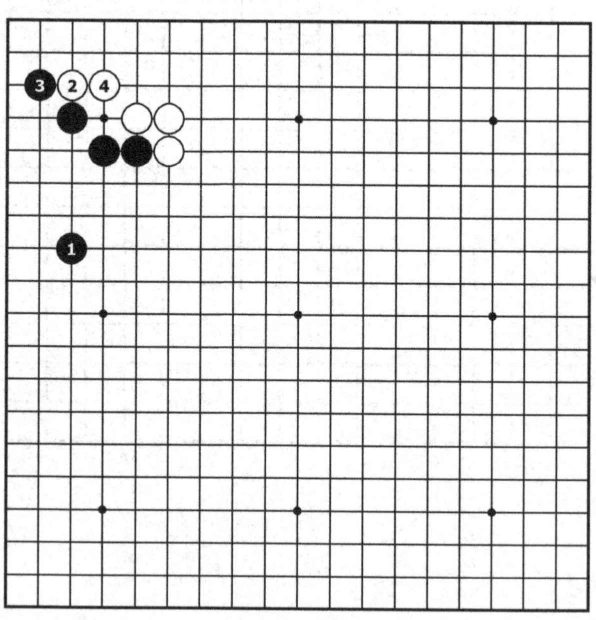

黑1选择错误。这里不是重点，被白2托进角局部亏损。

10 第 10 题（黑先）

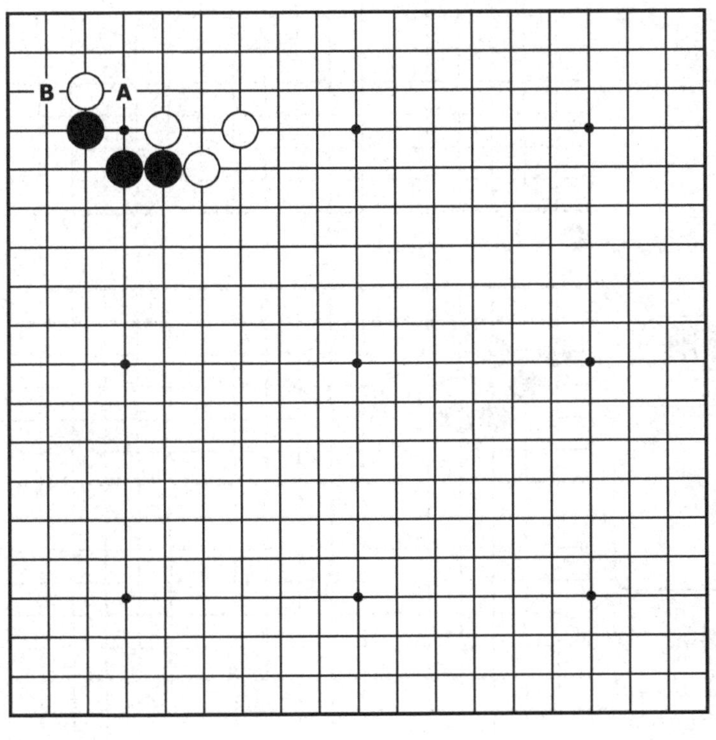

想一想，哪里是正确的选择？在正确选项后面的括号中画「√」。

A（　　）　B（　　）

正解

黑1选择正确。如此是定式的标准下法。

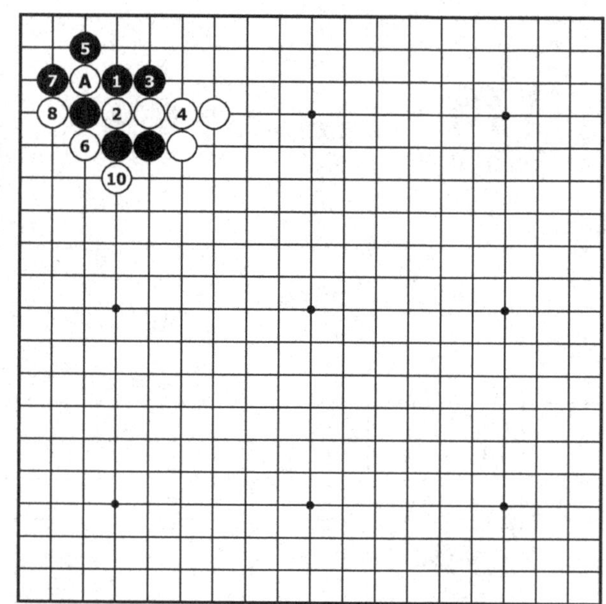

❾ = Ⓐ

错解

黑1选择错误。这里不能妥协，角部实地损失太大。

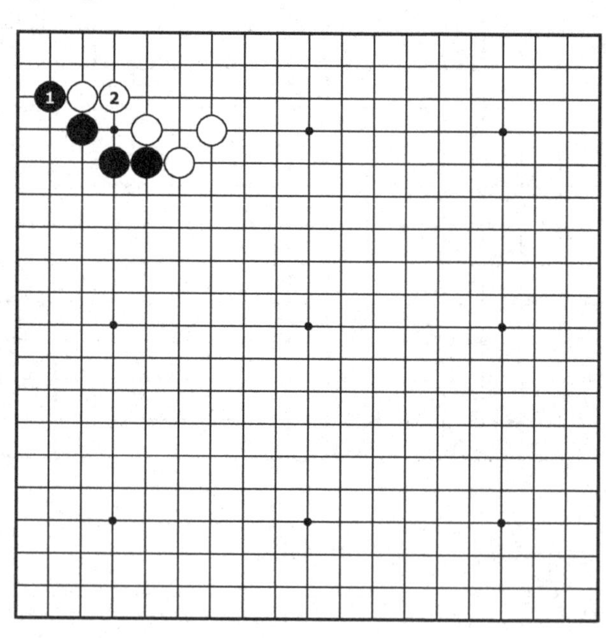

11 第11题（黑先）

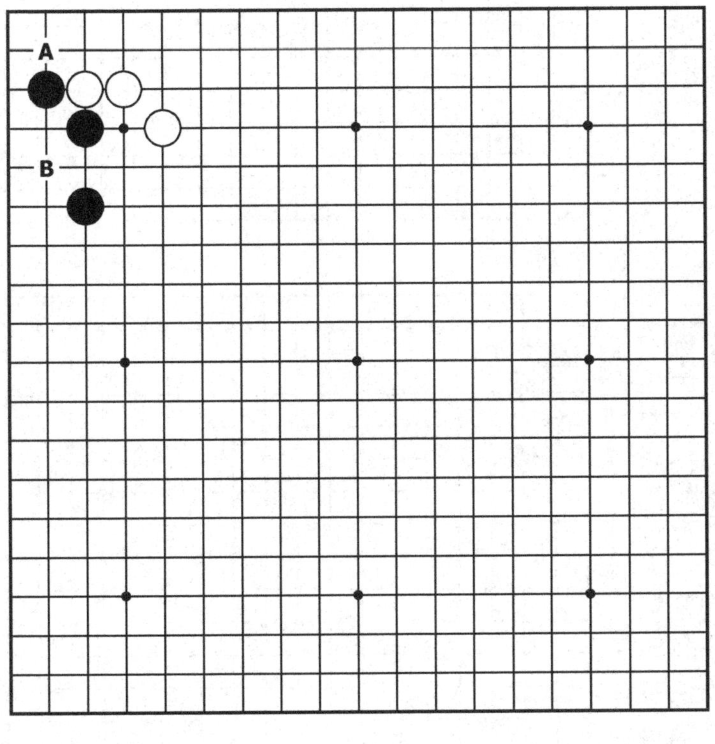

想一想，哪里是正确的选择？在正确选项后面的括号中画「√」。

A（　　）　B（　　）

正解

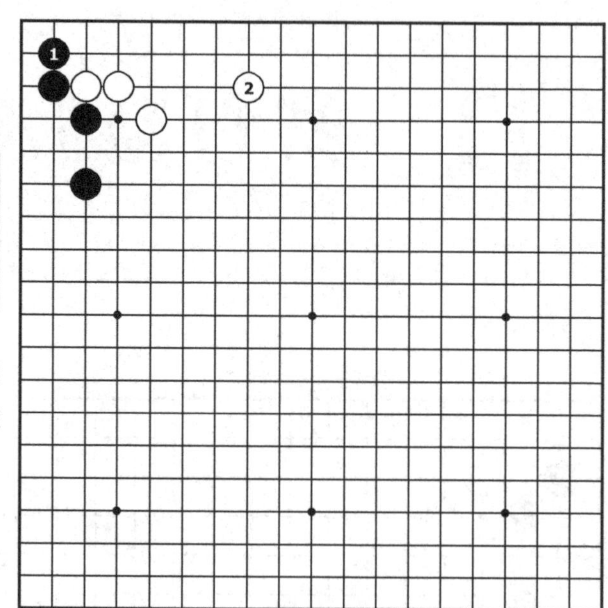

黑1选择正确。如此是定式的标准下法。

错解

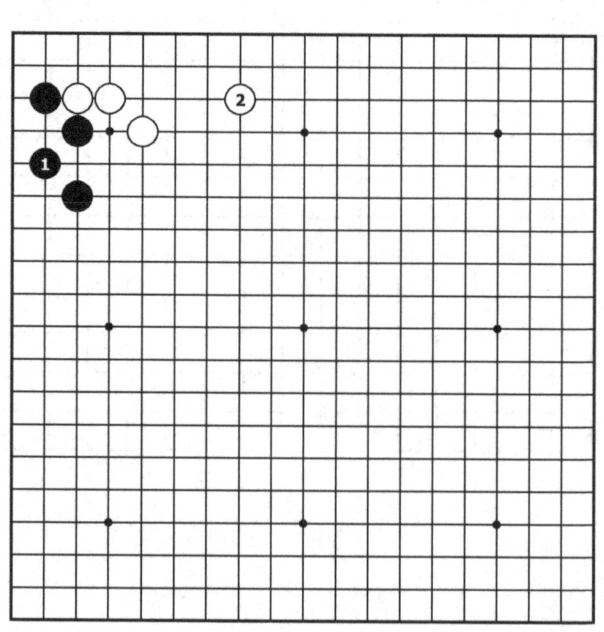

黑1选择错误。太保守，此处没有弱点，应该以抢实地为目标。

12 第 12 题（黑先）

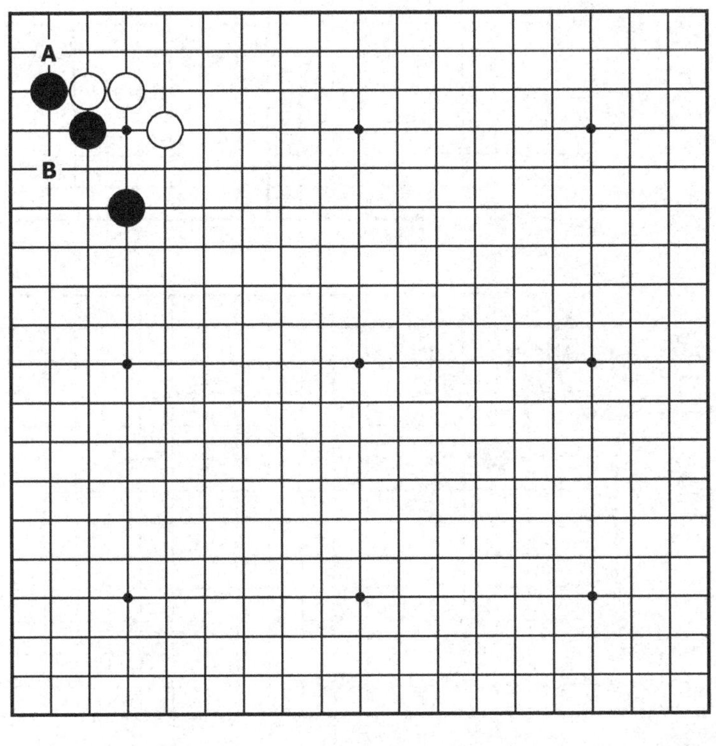

想一想，哪里是正确的选择？在正确选项后面的括号中画「√」。

A（　　）　B（　　）

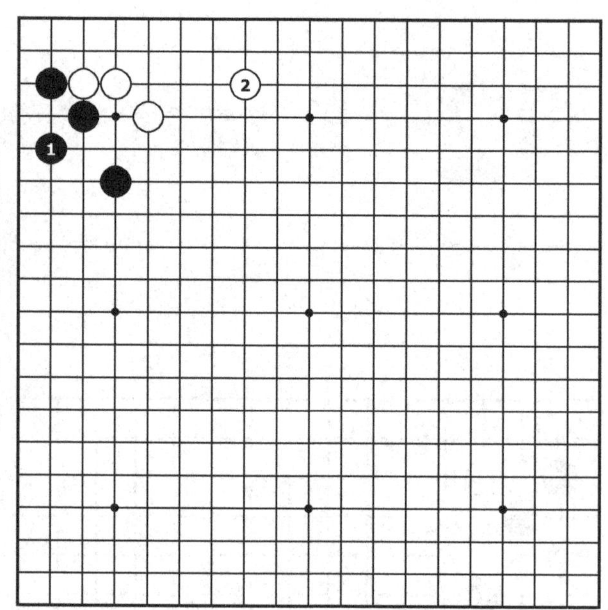

黑1选择正确。如此是定式的标准下法。

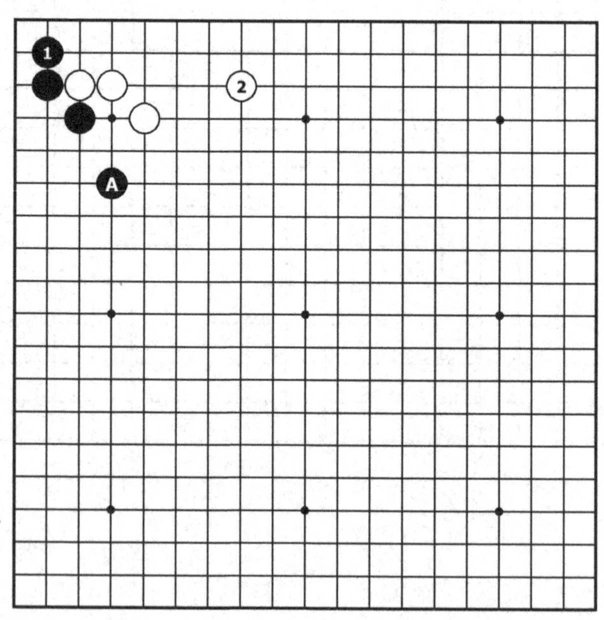

黑1选择错误。A位一子并不牢靠，棋形太薄。

13 第13题（黑先）

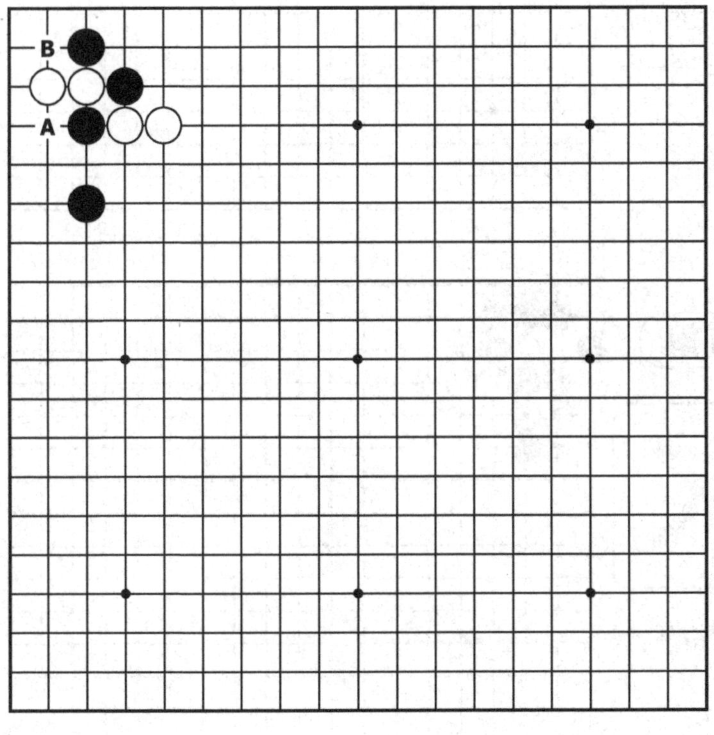

想一想，哪里是正确的选择？在正确选项后面的括号中画「√」。

A（　　）　B（　　）

正解

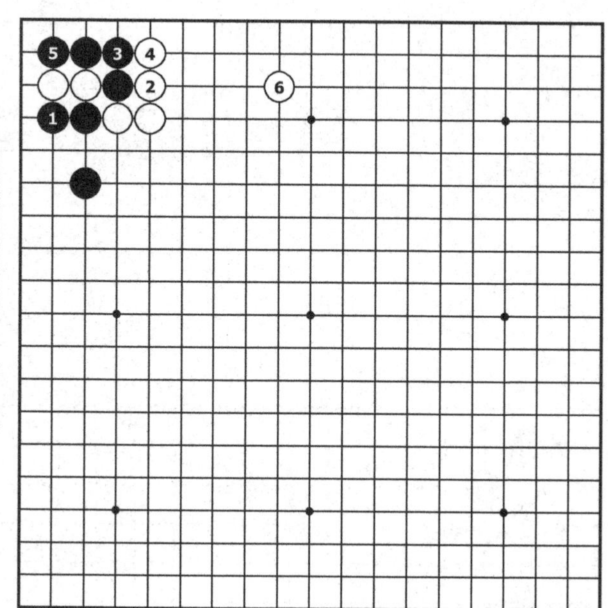

黑1选择正确。如此是定式的标准下法。

错解

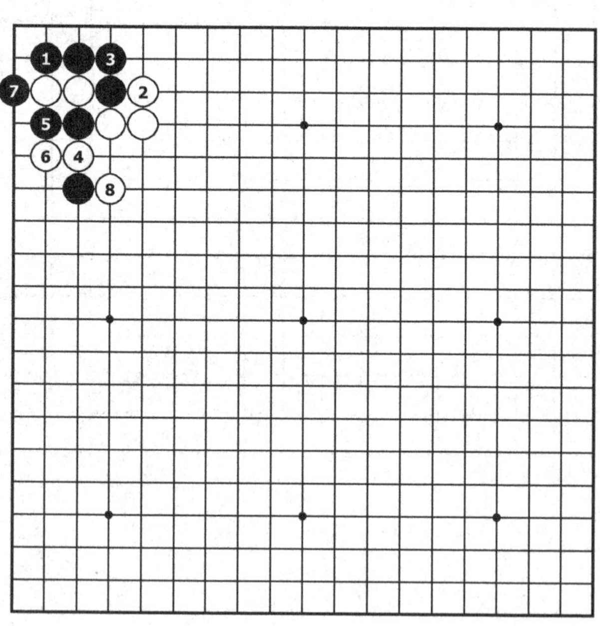

黑1选择错误。被白2以下简单弃子，黑大亏。

14 第 14 题（黑先）

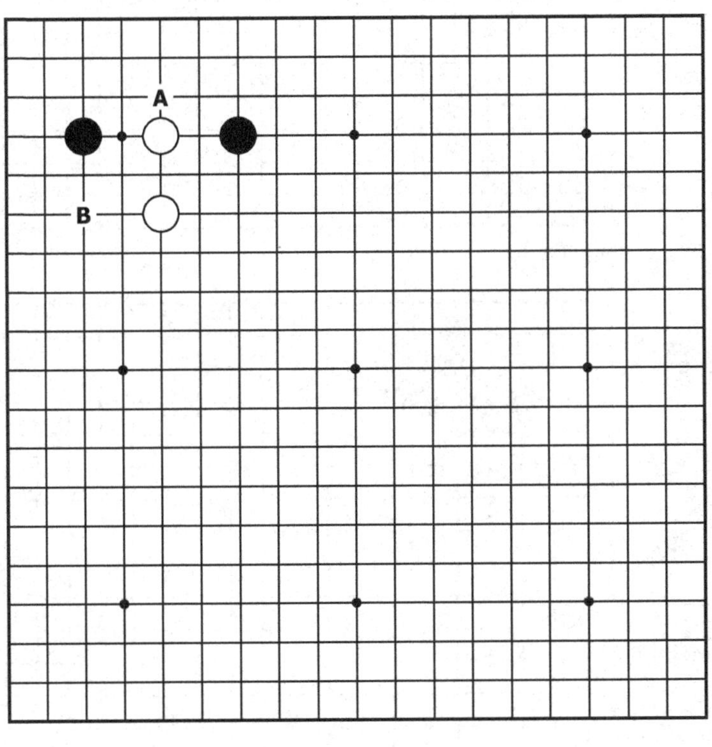

想一想，哪里是正确的选择？在正确选项后面的括号中画「√」。

A（　　）　B（　　）

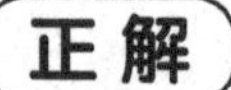

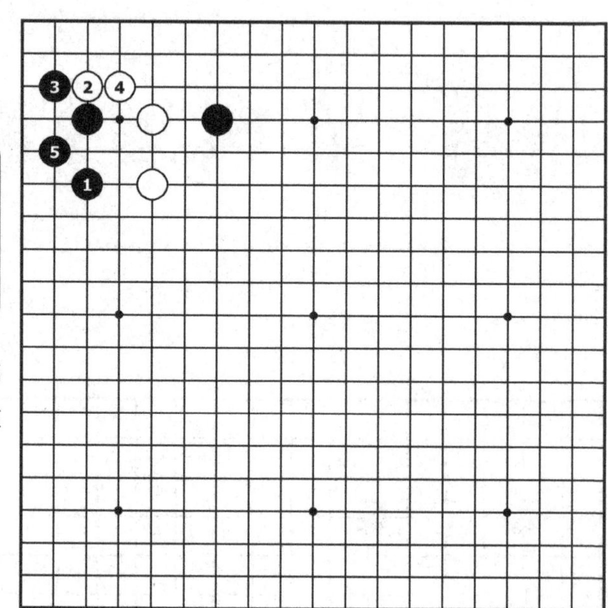

黑1选择正确。如此是定式的标准下法。

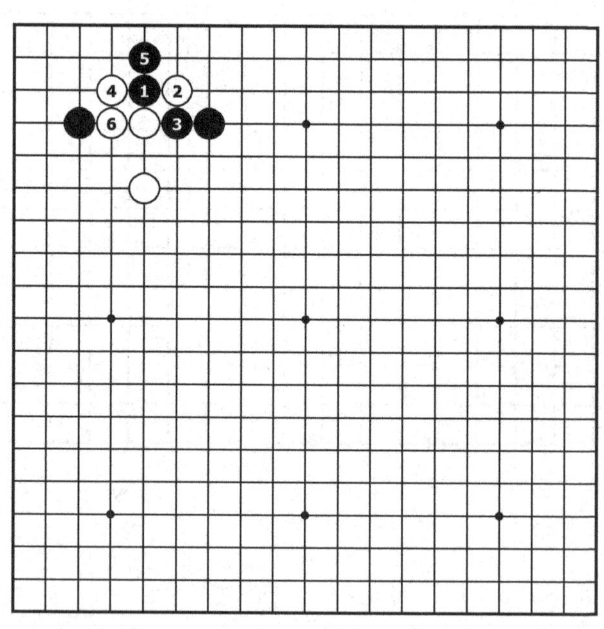

黑1选择错误。这里无法渡过，白2以下可以将黑分断，黑棋大亏。

15 第 15 题（黑先）

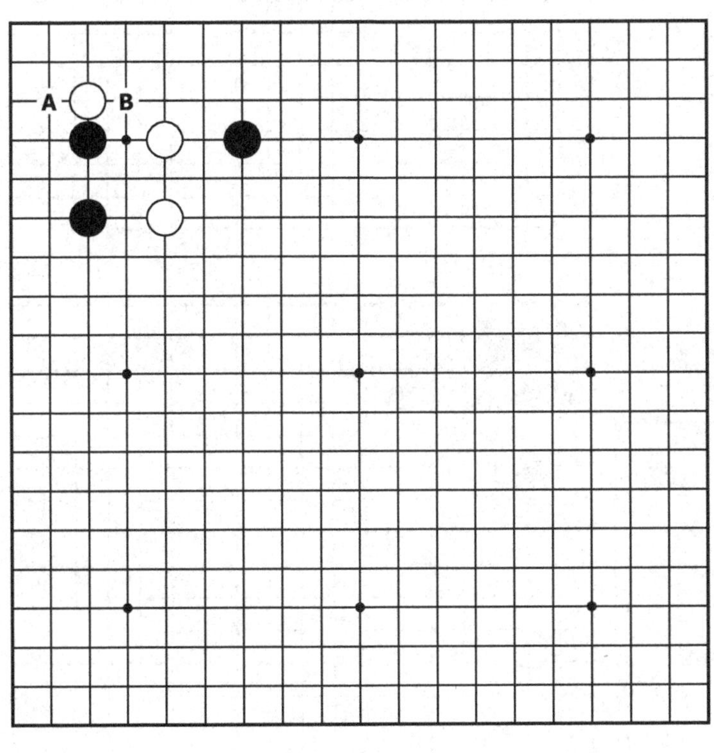

想一想，哪里是正确的选择？在正确选项后面的括号中画「√」。

A（　　）　B（　　）

正解

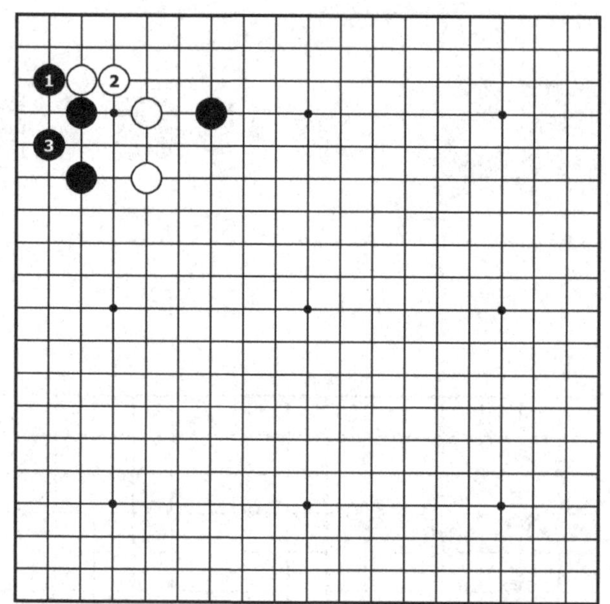

黑1选择正确。如此是定式的标准下法。

错解

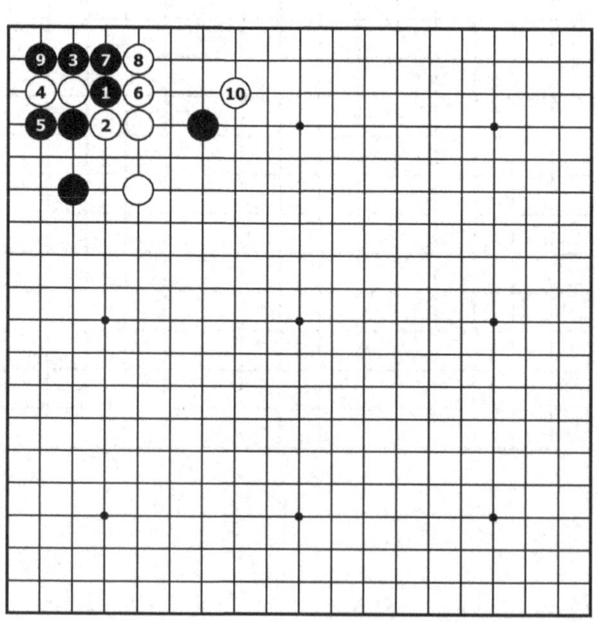

黑1选择错误。这里作战不符合战略目的，如此白棋满意。

16 第 16 题（黑先）

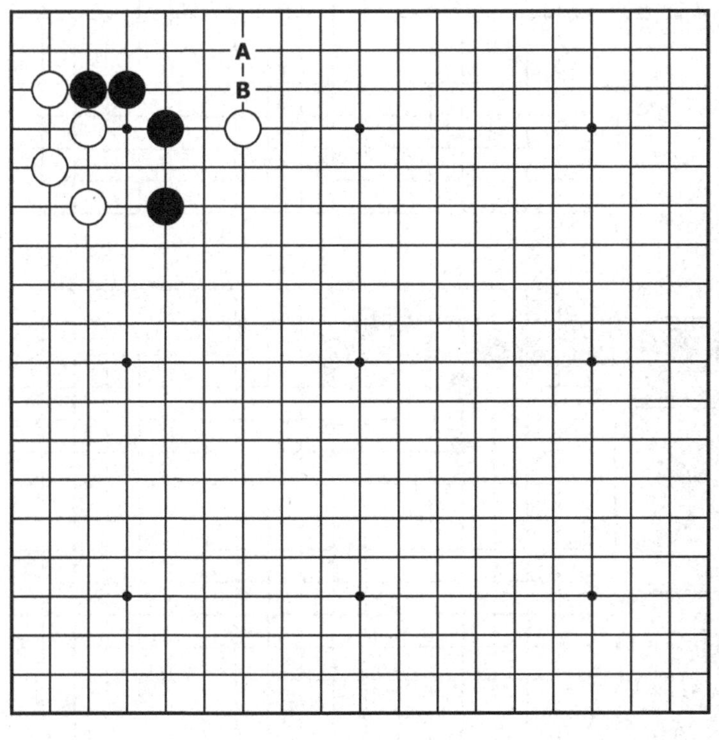

想一想，哪里是正确的选择？在正确选项后面的括号中画「√」。

A（　　）　B（　　）

正解

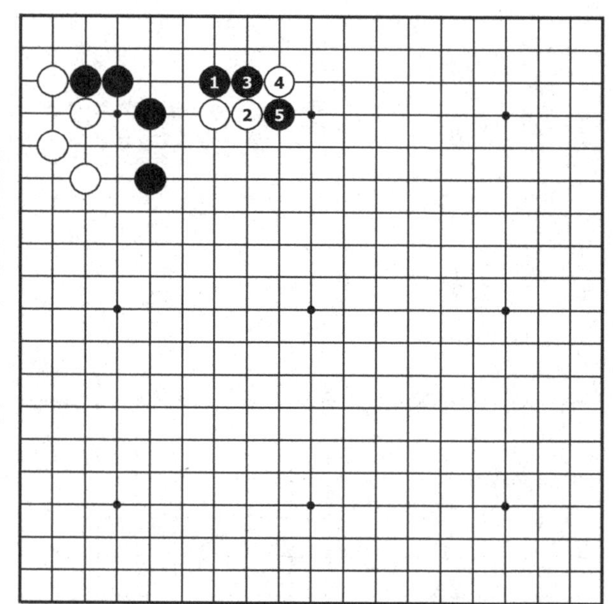

黑1选择正确。如此是定式的标准下法。

错解

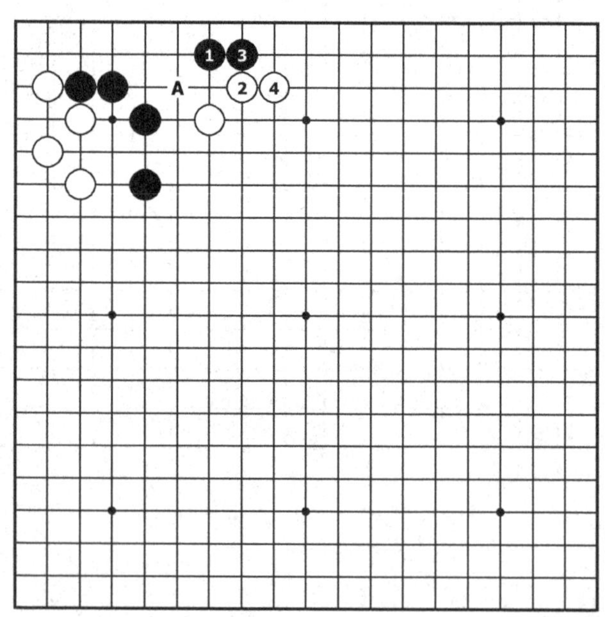

黑1选择错误。白2简单应对即可，接下来，A位的弱点让黑棋非常难受。

17 第 17 题（黑先）

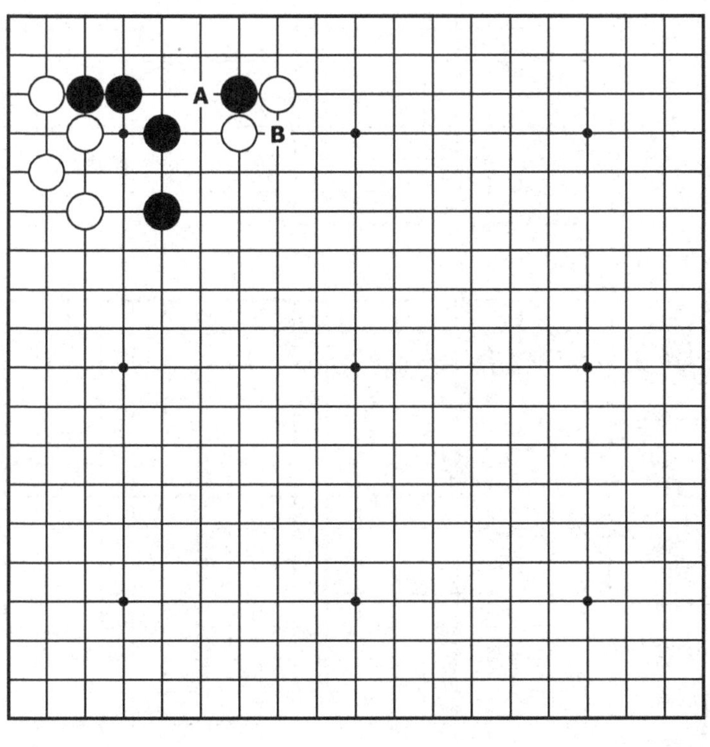

想一想，哪里是正确的选择？在正确选项后面的括号中画「√」。

A（　　）　B（　　）

正 解

黑1选择正确。如此是定式的标准下法。

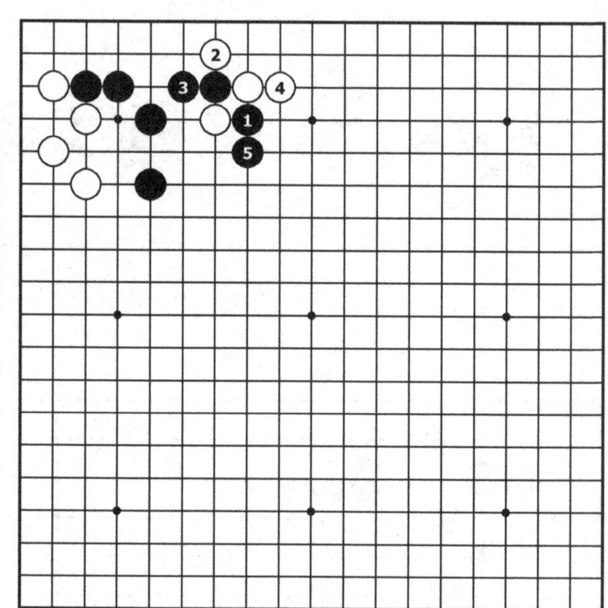

错 解

黑1选择错误。此手太过保守，白2后局部还没有活净，黑棋不能满意。

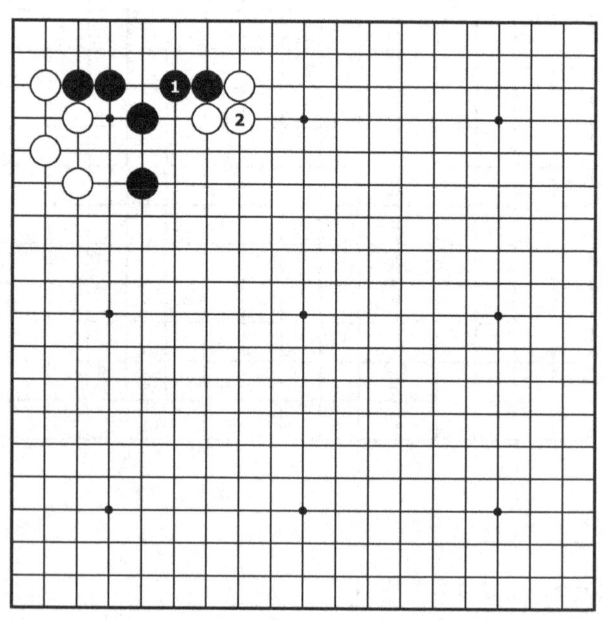

18 第 18 题（黑先）

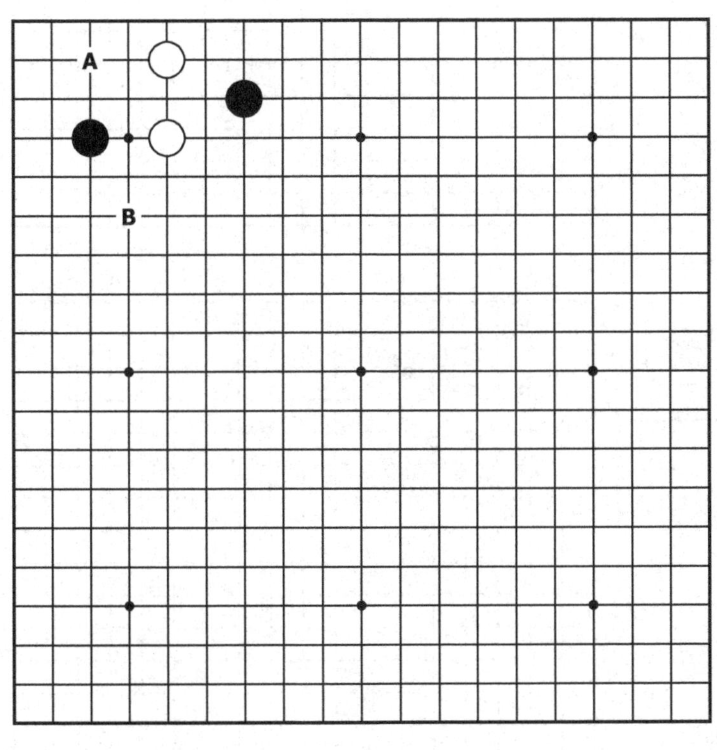

想一想，哪里是正确的选择？在正确选项后面的括号中画「√」。

A（　　）　B（　　）

正解

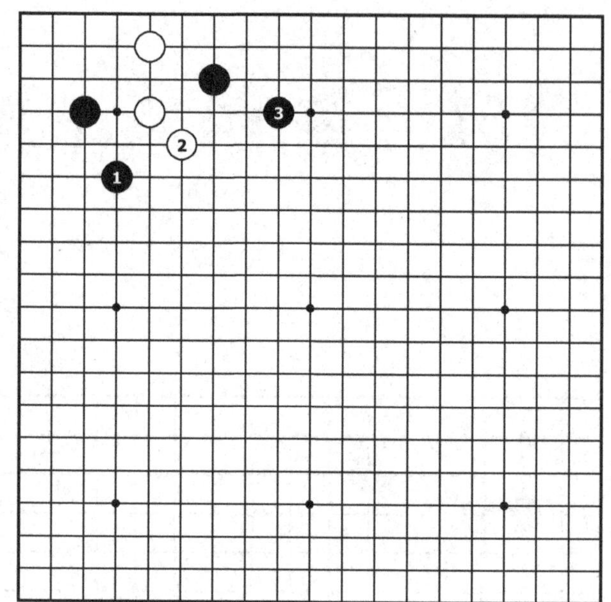

黑1选择正确。如此是定式的标准下法。

错解

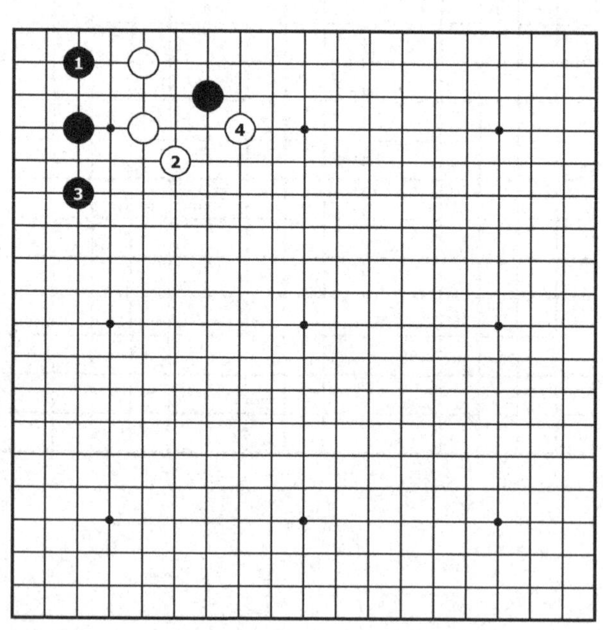

黑1选择错误。这里并不大，落后手很失败。

19 第 19 题（黑先）

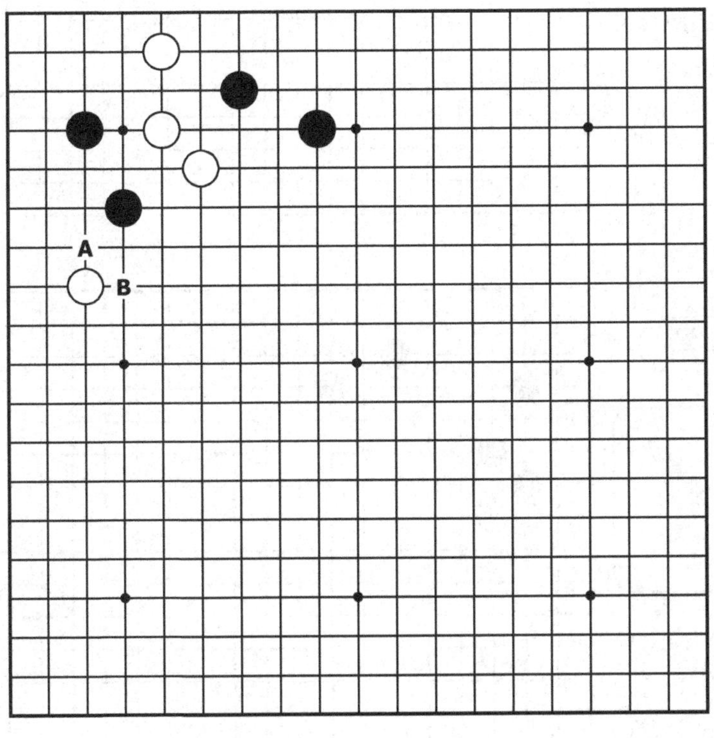

想一想，哪里是正确的选择？在正确选项后面的括号中画「√」。

A（　　）　B（　　）

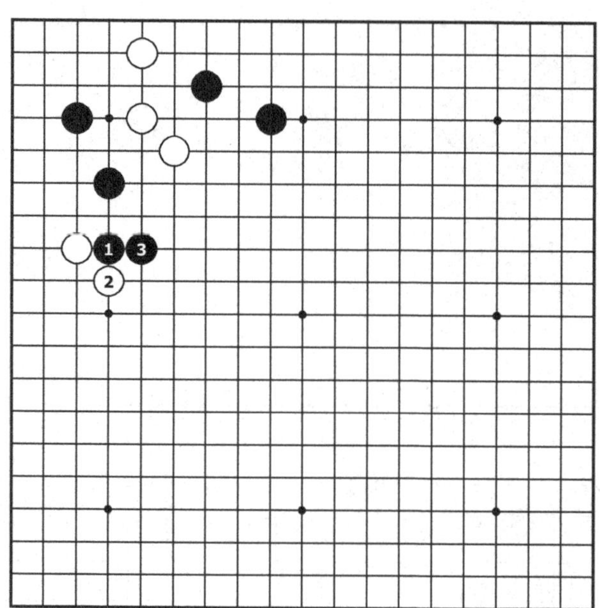

黑1选择正确。如此是定式的标准下法。

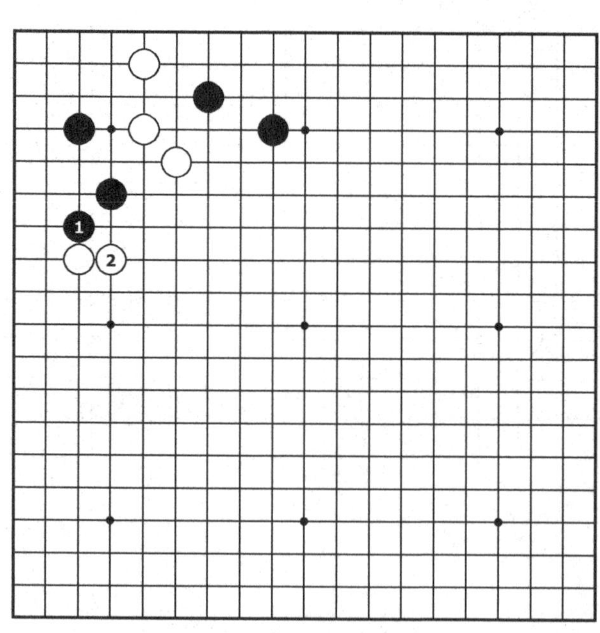

黑1选择错误。此手太过保守，白2后黑棋出头困难。

20 第20题（黑先）

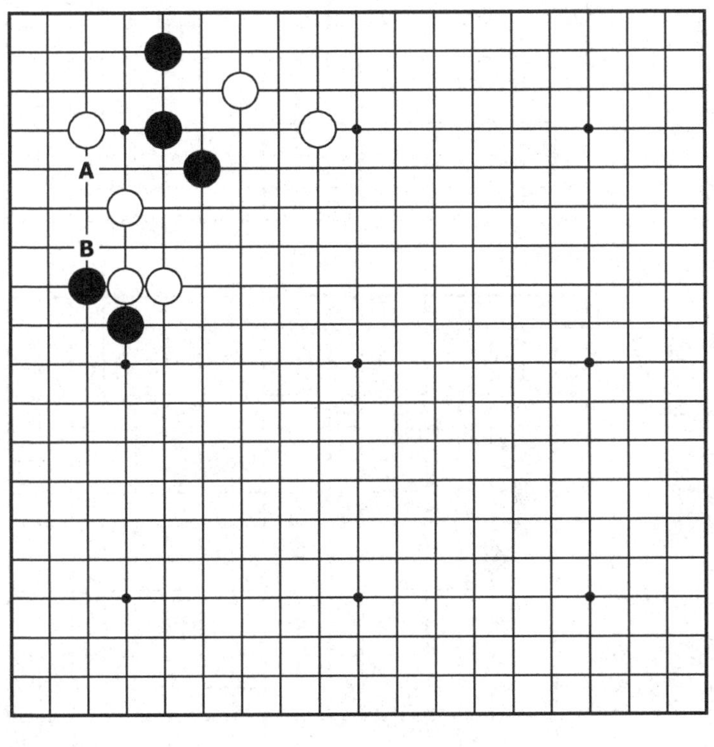

想一想，哪里是正确的选择？在正确选项后面的括号中画「√」。

A（　　）　B（　　）

正解

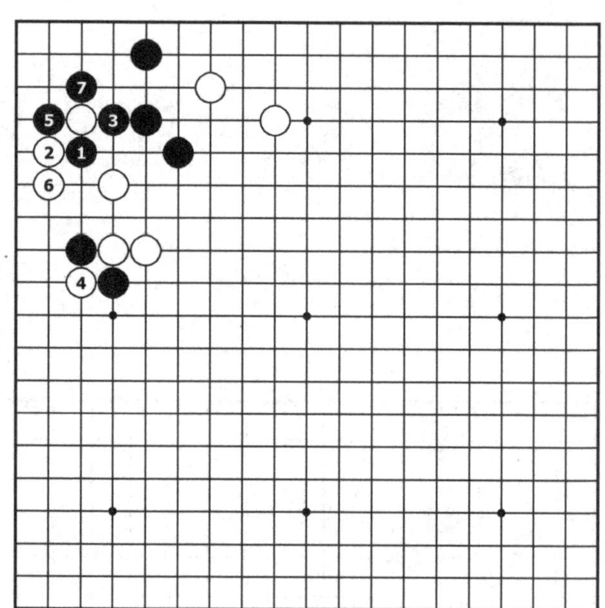

黑1选择正确。如此是定式的标准下法。

错解

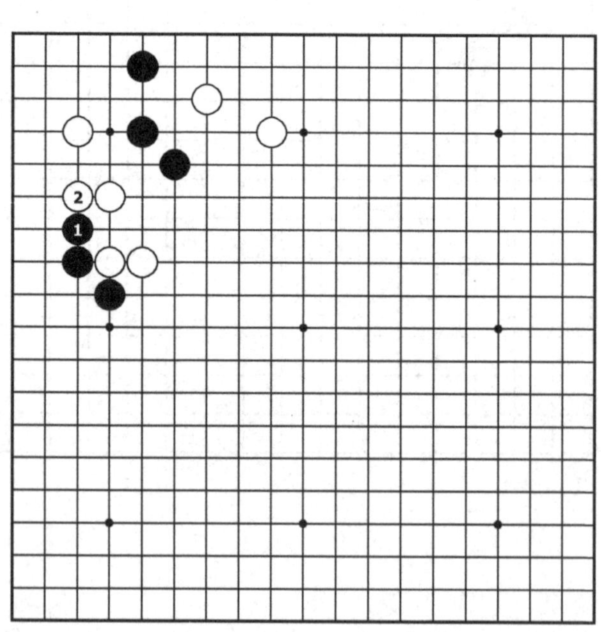

黑1选择错误。错过弃子定型的绝佳时机。

21 第21题（黑先）

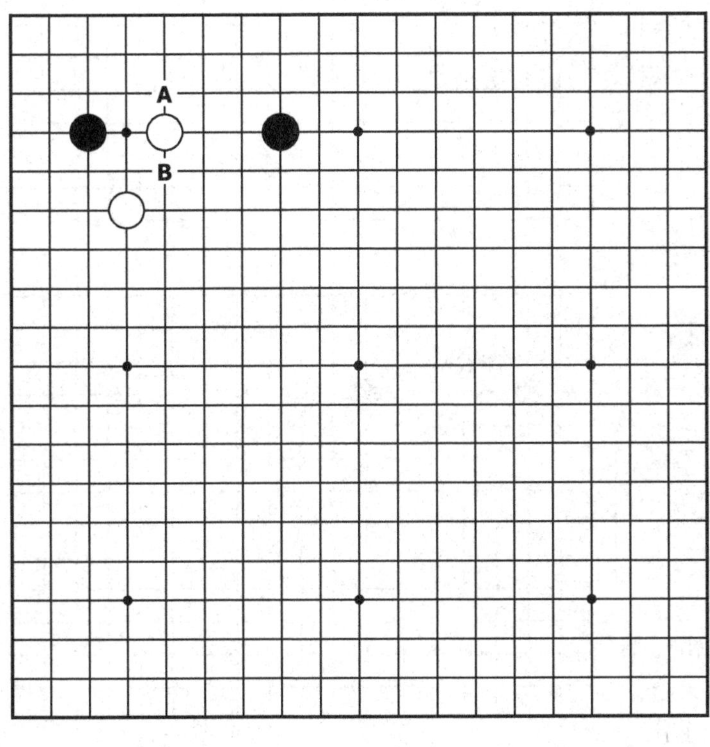

想一想，哪里是正确的选择？在正确选项后面的括号中画「√」。

A（　　）　B（　　）

正解

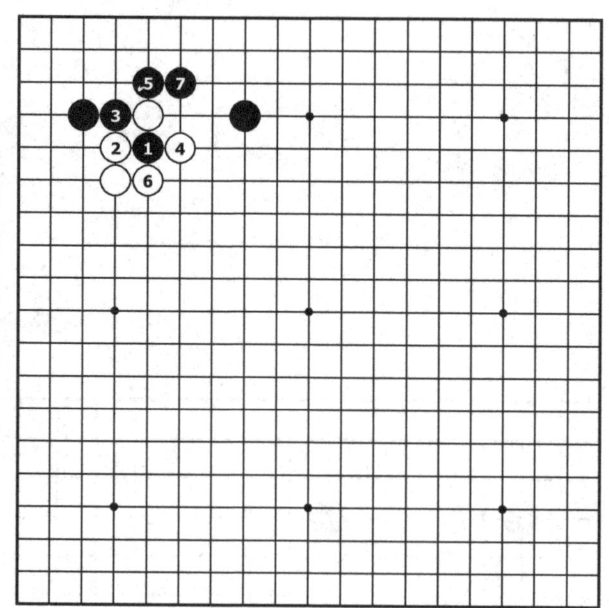

黑1选择正确。如此是定式的标准下法。这个定式白棋吃亏。

错解

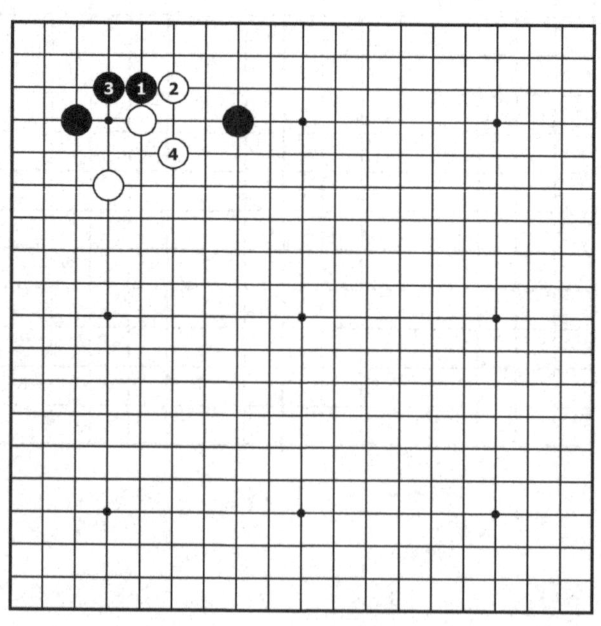

黑1选择错误。此时不能急着做活，白2、白4太舒服，黑失败。

22 第22题（黑先）

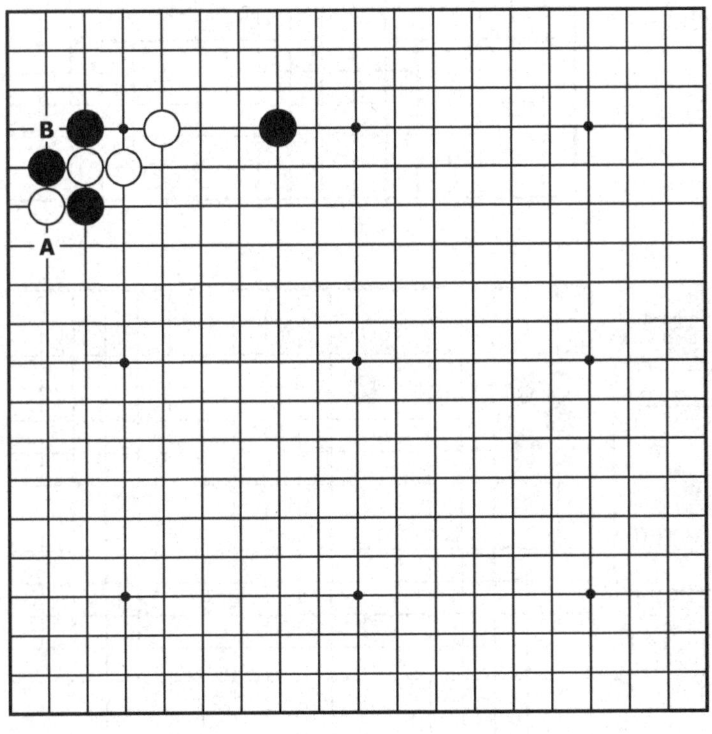

想一想，哪里是正确的选择？在正确选项后面的括号中画「√」。

A（　　）　B（　　）

正解

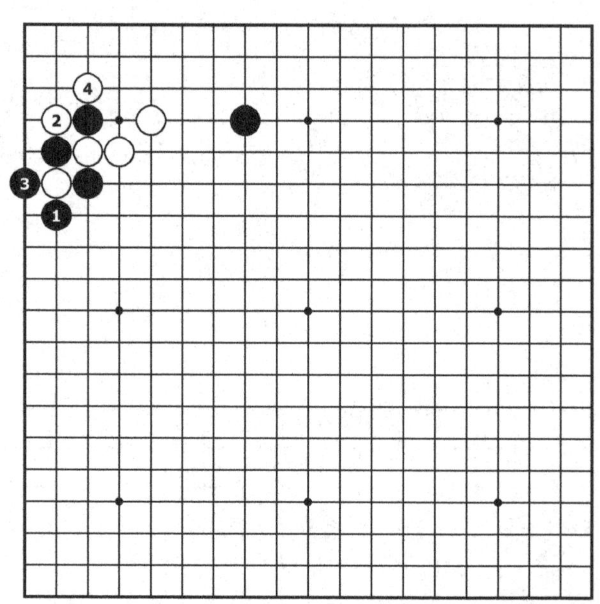

黑1选择正确。如此是定式的标准下法。

错解

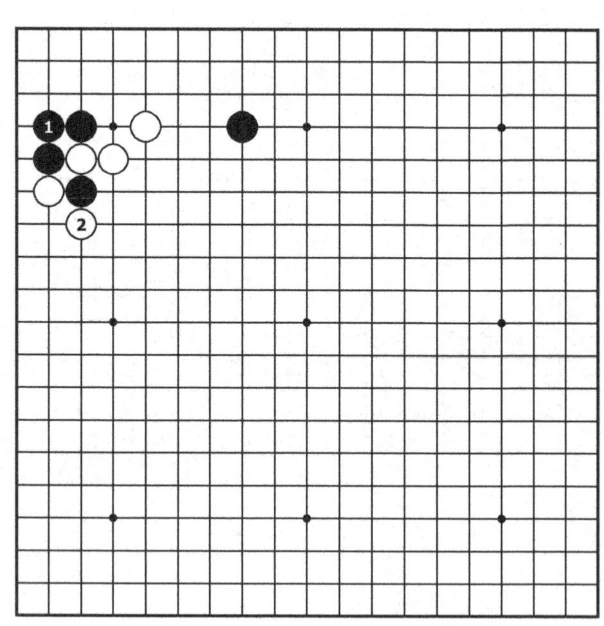

黑1选择错误。此时必须反击，被白2征吃一子，损失太大。

23 第23题（黑先）

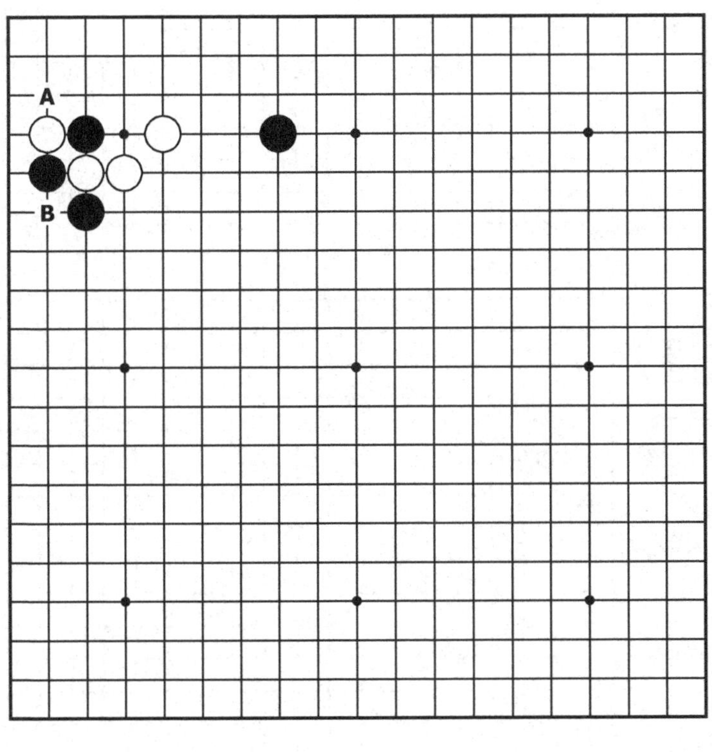

想一想，哪里是正确的选择？在正确选项后面的括号中画「√」。

A（　　）　B（　　）

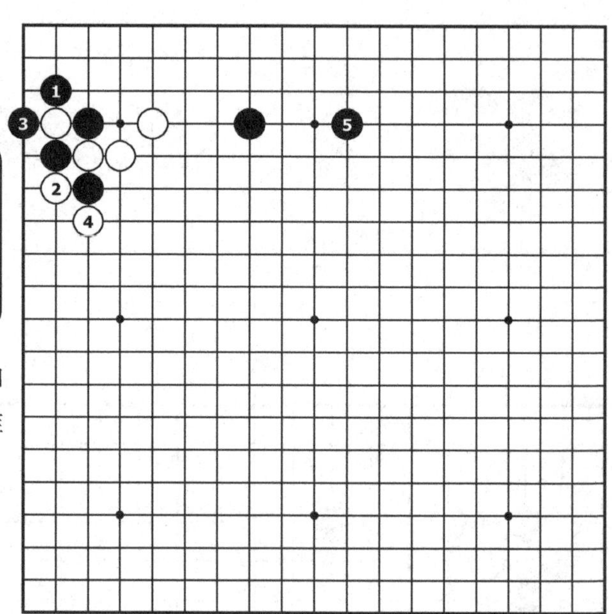

黑1选择正确。如此是定式的标准下法。

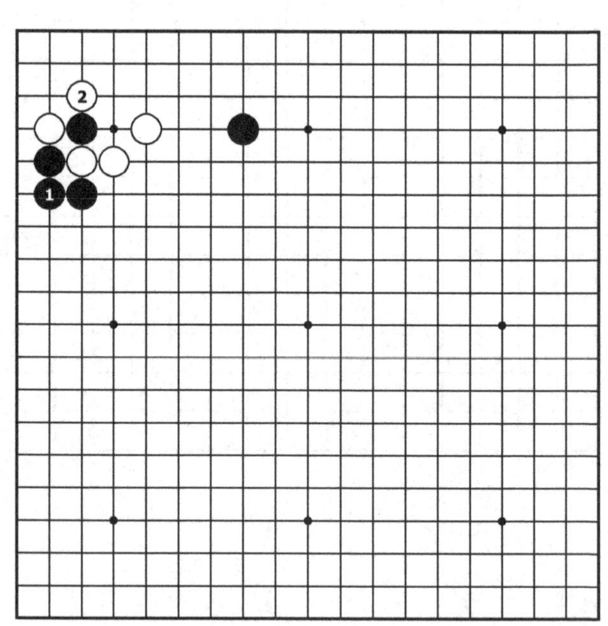

黑1选择错误。此时必须反击，如此转换实地损失太大。

24 第24题（黑先）

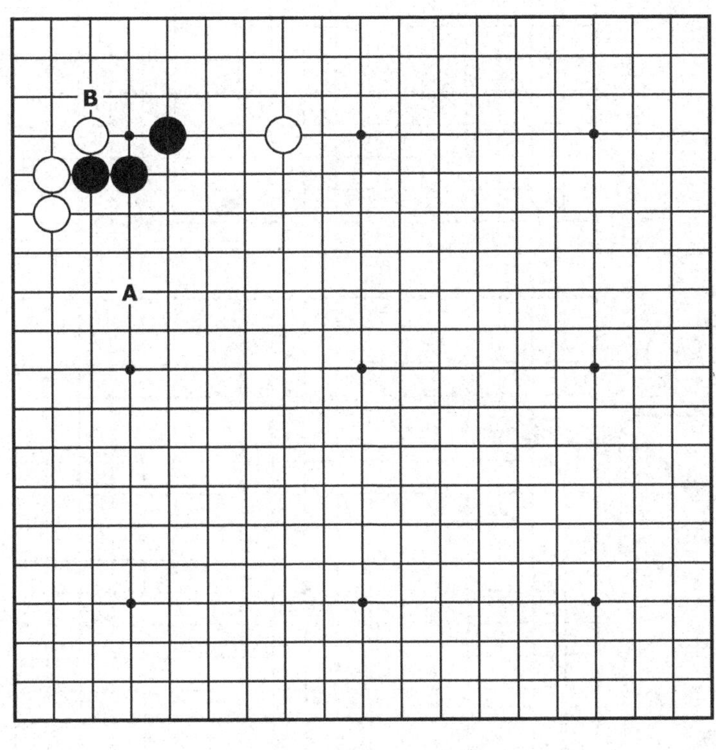

想一想，哪里是正确的选择？在正确选项后面的括号中画「√」。

A（　　）　B（　　）

正解

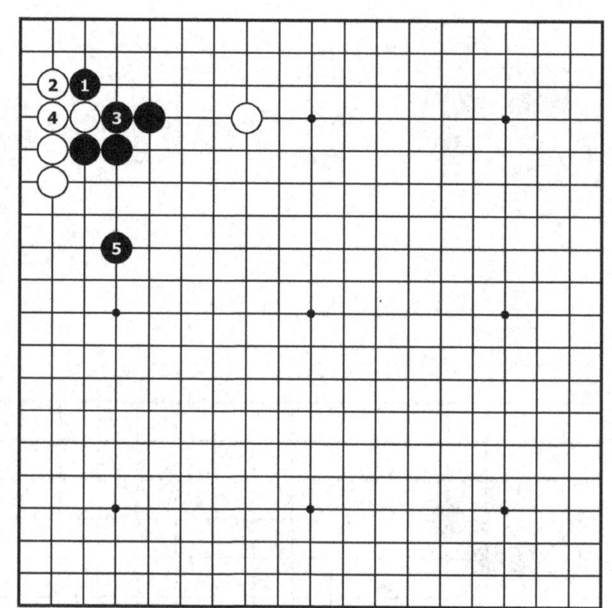

黑1选择正确。如此是定式的标准下法。

错解

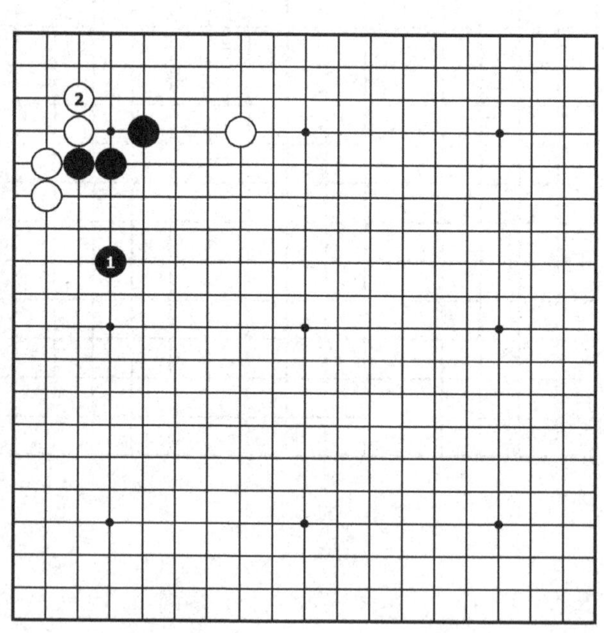

黑1选择错误。次序有误，白2补后局部太厚，黑棋亏损。

25 第 25 题（黑先）

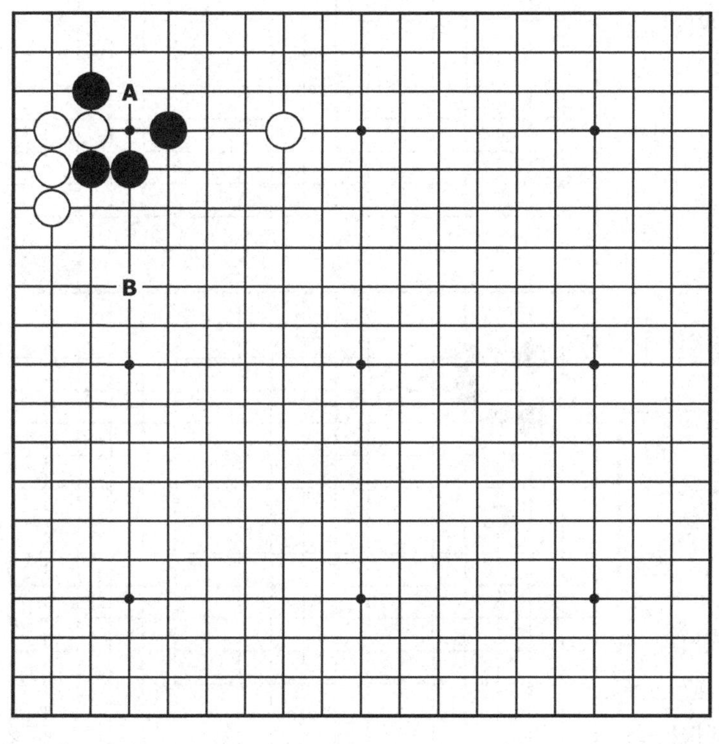

想一想，哪里是正确的选择？在正确选项后面的括号中画「√」。

A（　　）　B（　　）

正解

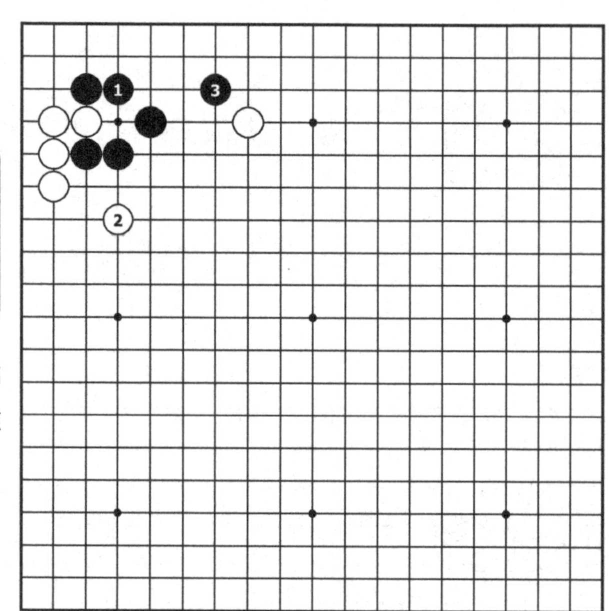

黑1选择正确。如此是定式的标准下法。

错解

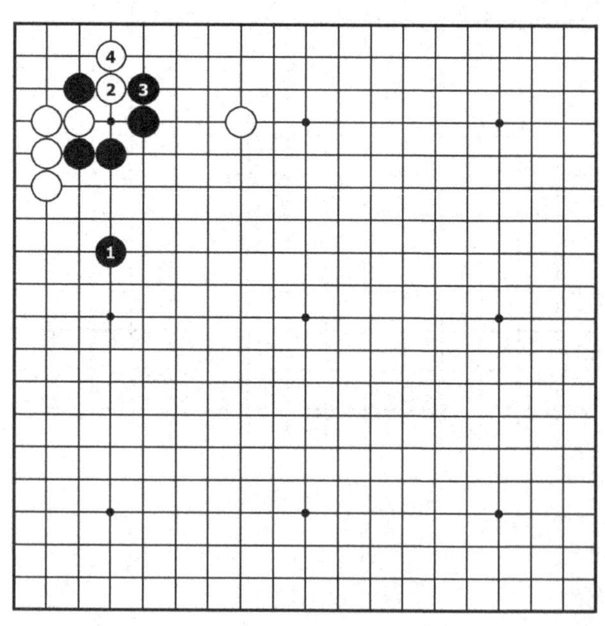

黑1选择错误。角部不仅目数大，而且关系到双方眼位，是必争之处。

26 第 26 题（黑先）

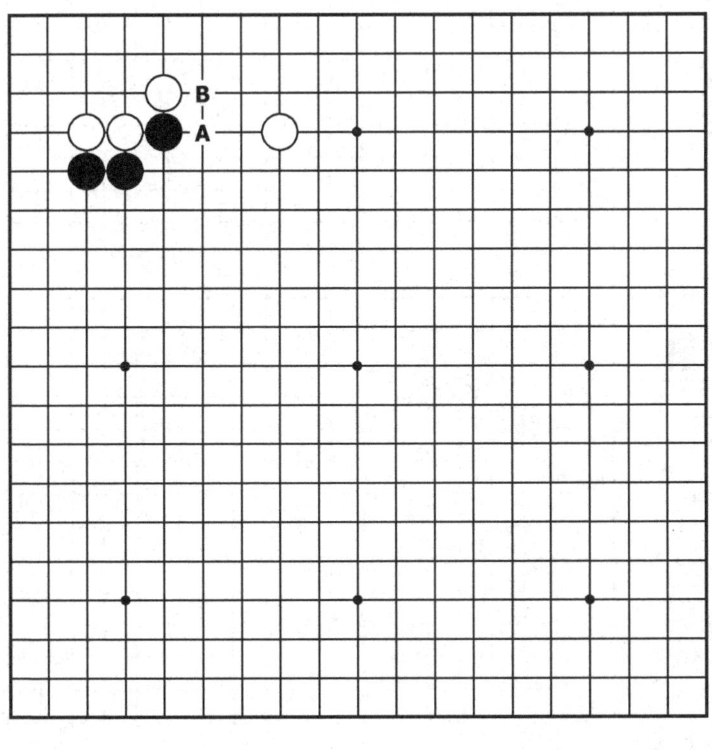

想一想，哪里是正确的选择？在正确选项后面的括号中画「√」。

A（　　）　B（　　）

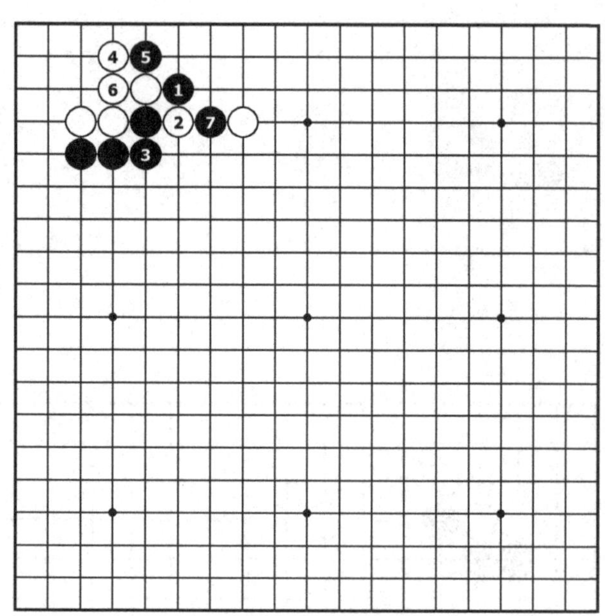

黑1选择正确。连扳是制裁白棋的好手，这个作战黑棋有利。

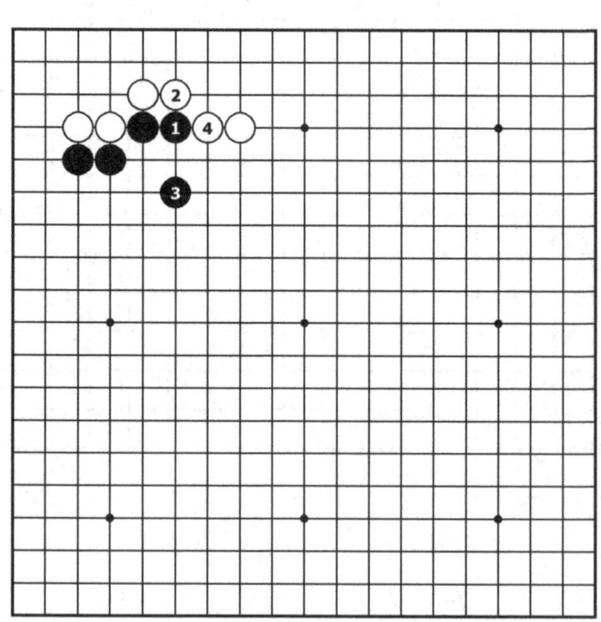

黑1选择错误。错失作战良机，白2爬过后实地太大，黑失败。

27 第27题（黑先）

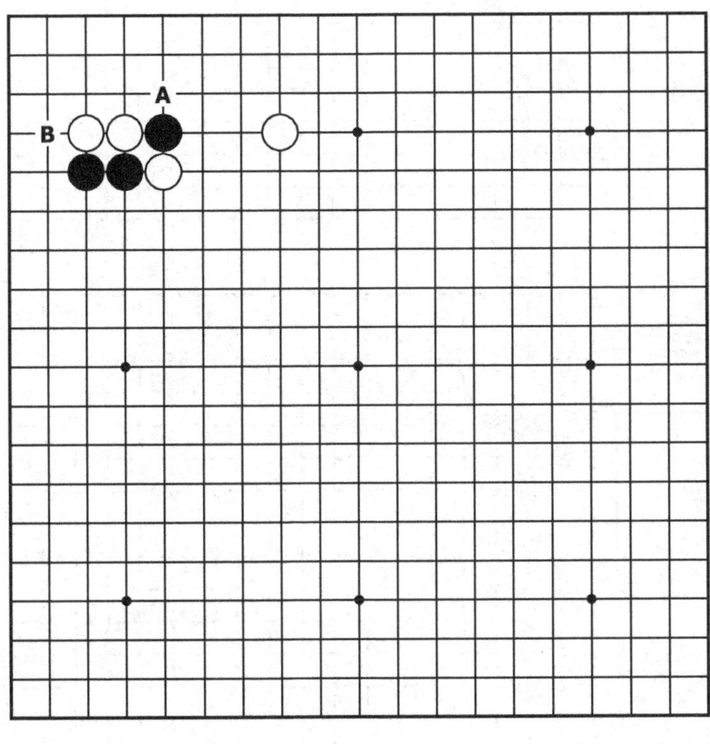

想一想，哪里是正确的选择？在正确选项后面的括号中画「√」。

A（　　）　B（　　）

正解

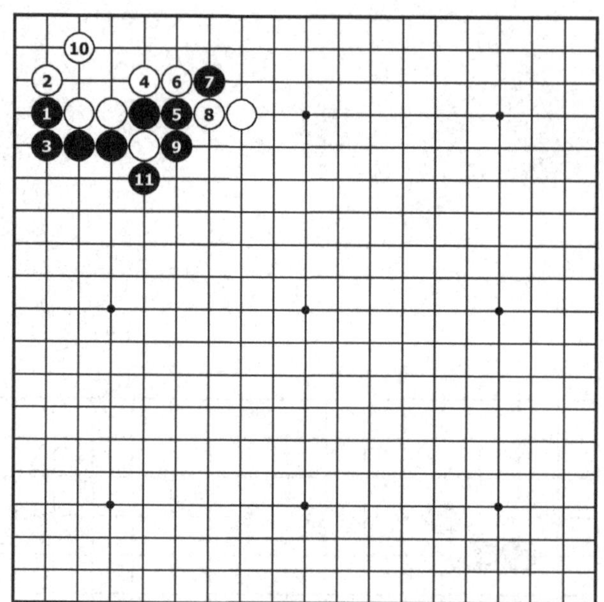

黑1选择正确。如此是定式的标准下法。

错解

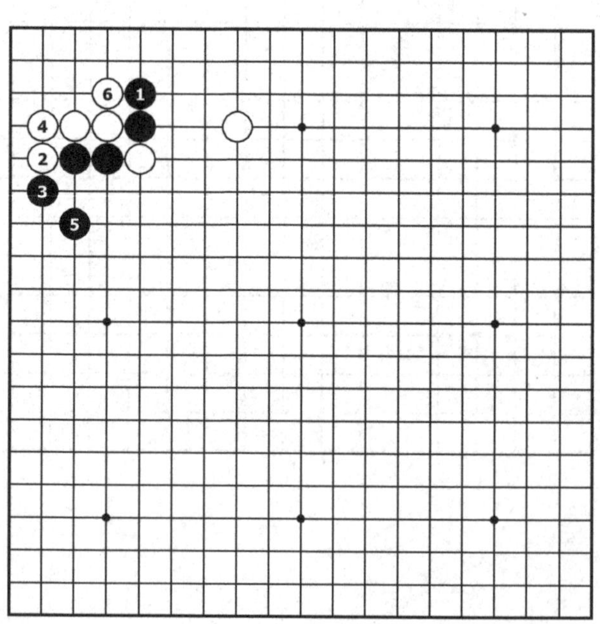

黑1选择错误。这里作战明显不利，如此将陷入被动。

28 第28题（黑先）

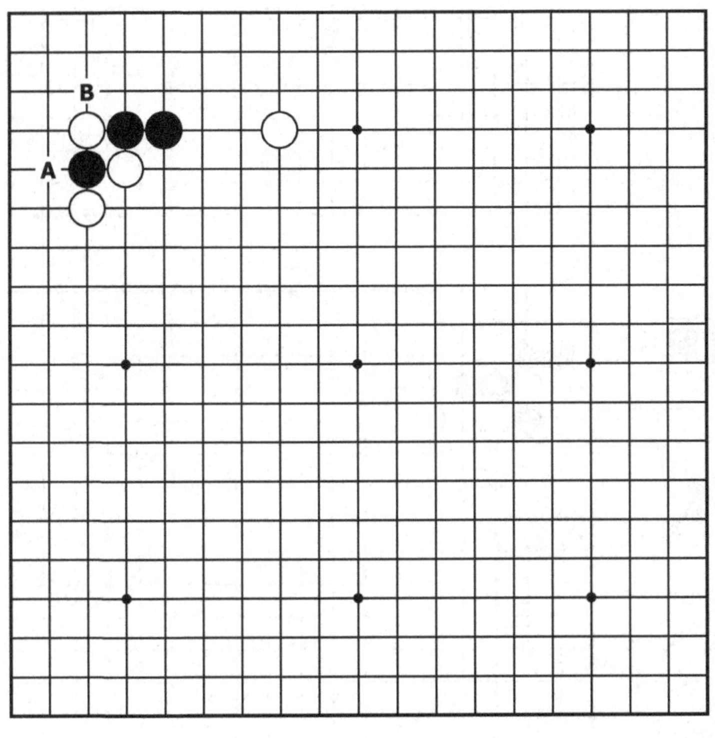

想一想，哪里是正确的选择？在正确选项后面的括号中画「√」。

A（　　）　B（　　）

正 解

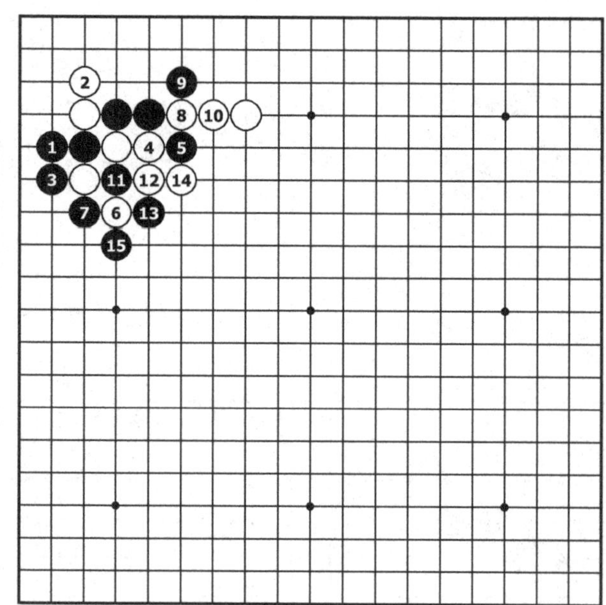

黑1选择正确。如此是定式的标准下法。

错 解

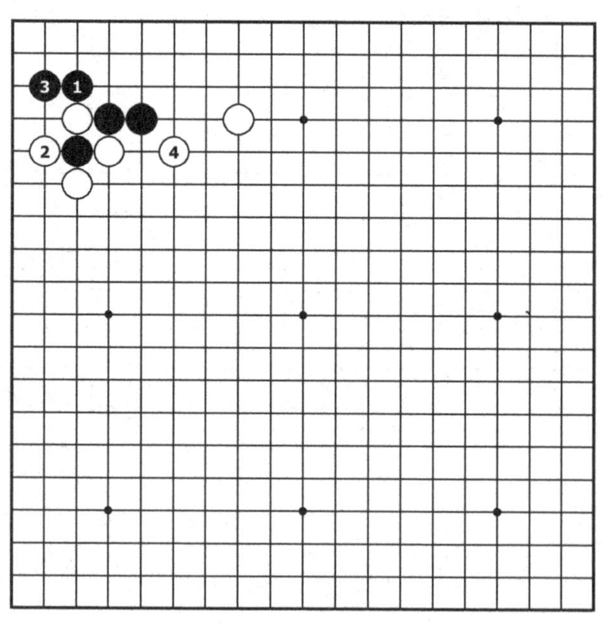

黑1选择错误。这里绝对不能妥协。被白2提1子大亏。

29 第 29 题（黑先）

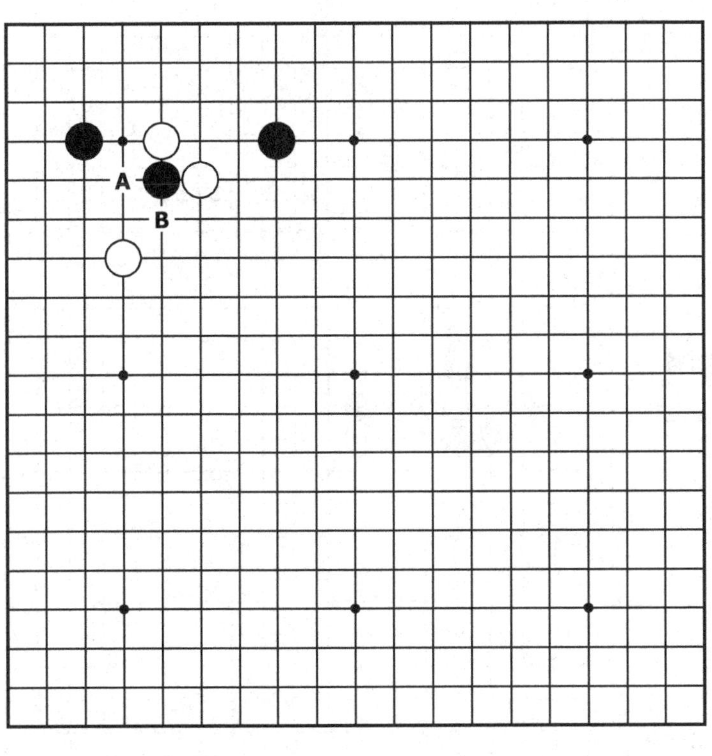

想一想，哪里是正确的选择？在正确选项后面的括号中画「√」。

A（　　）　B（　　）

正解

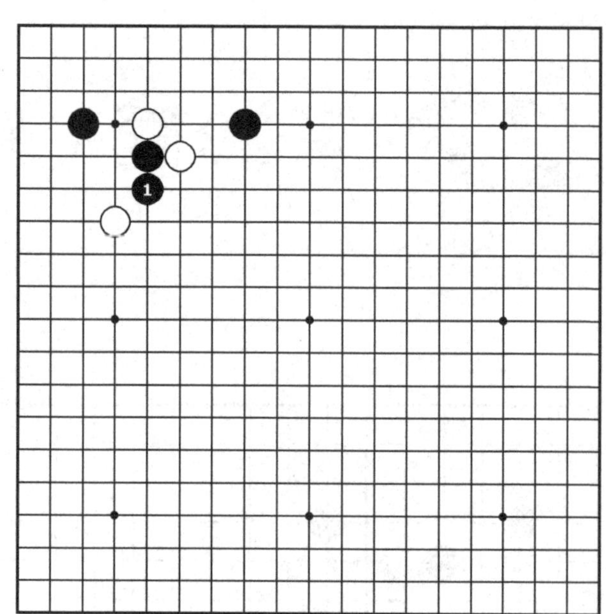

黑1选择正确。如此是定式的标准下法。

错解

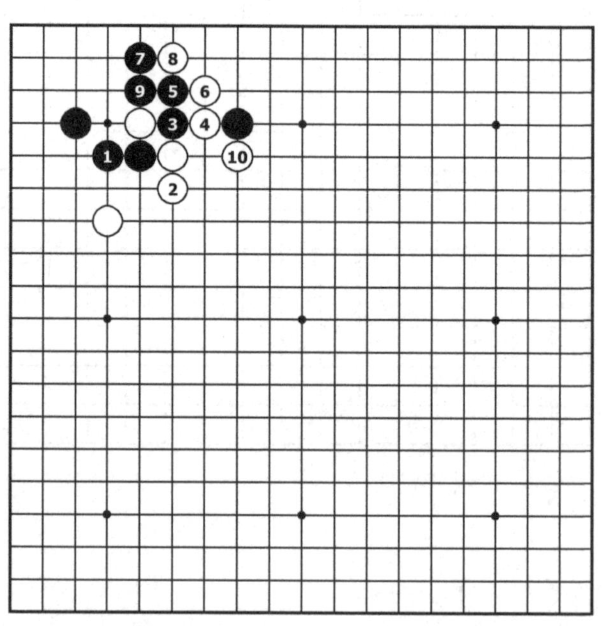

黑1选择错误。被白2联络，黑棋没有达到战略目标。本图黑外围一子受伤，损失太大，得不偿失。

30 第30题（黑先）

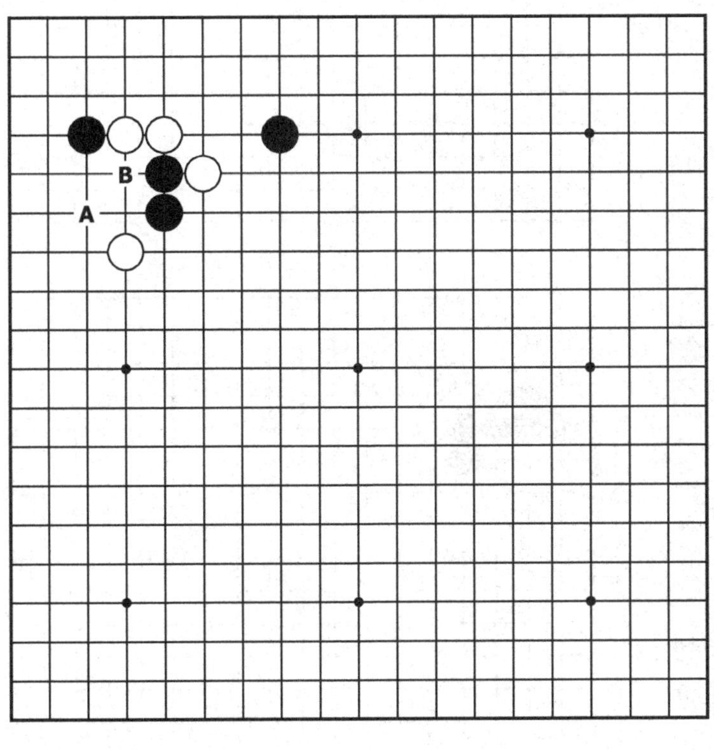

想一想，哪里是正确的选择？在正确选项后面的括号中画「√」。

A（　　）　B（　　）

正 解

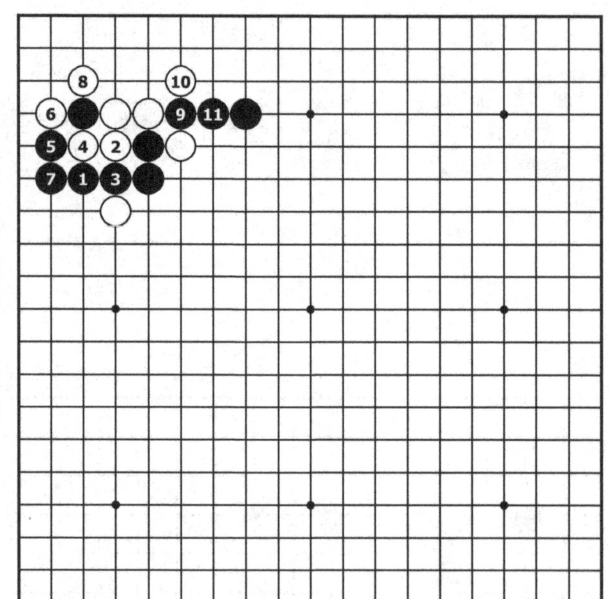

黑1选择正确。如此是定式的标准下法。

错 解

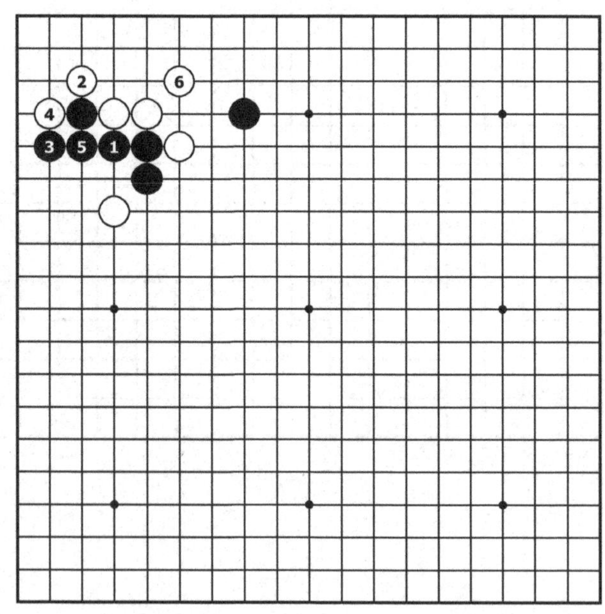

黑1选择错误。此手是大俗手，白2以下实地收获巨大，黑失败。

31 第31题（黑先）

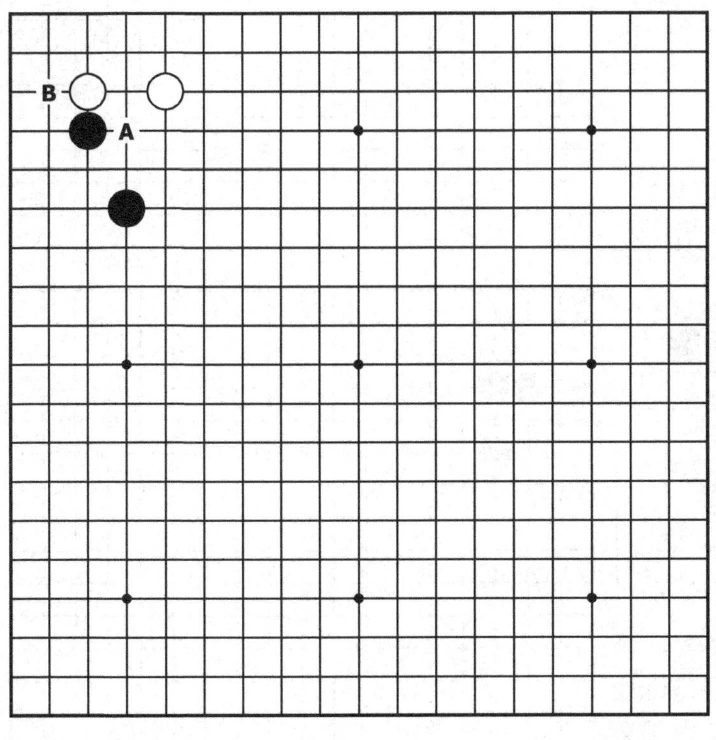

想一想，哪里是正确的选择？在正确选项后面的括号中画「√」。

A（　　）　B（　　）

正解

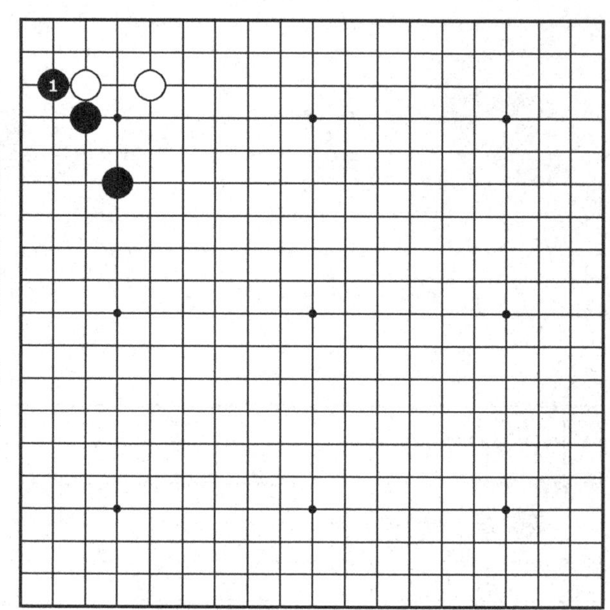

黑1选择正确。如此是定式的标准下法。

错解

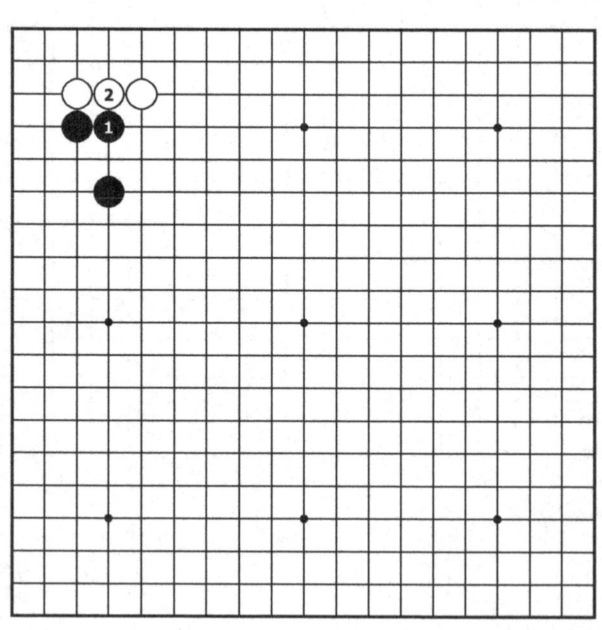

黑1选择错误。被白2接住局部实地损失大，外围又没有收获，黑棋不满。

32 第 32 题（黑先）

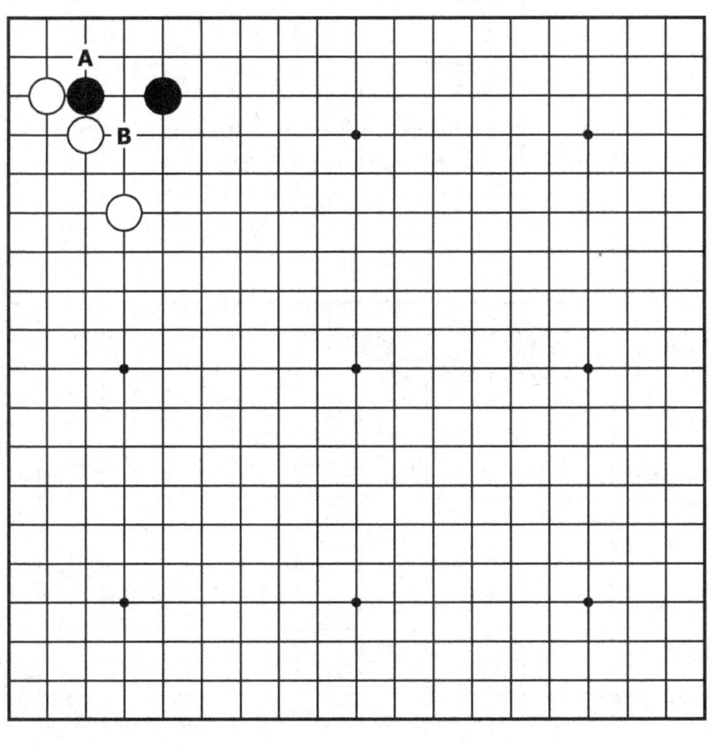

想一想，哪里是正确的选择？在正确选项后面的括号中画「√」。

A（　　）　B（　　）

正解

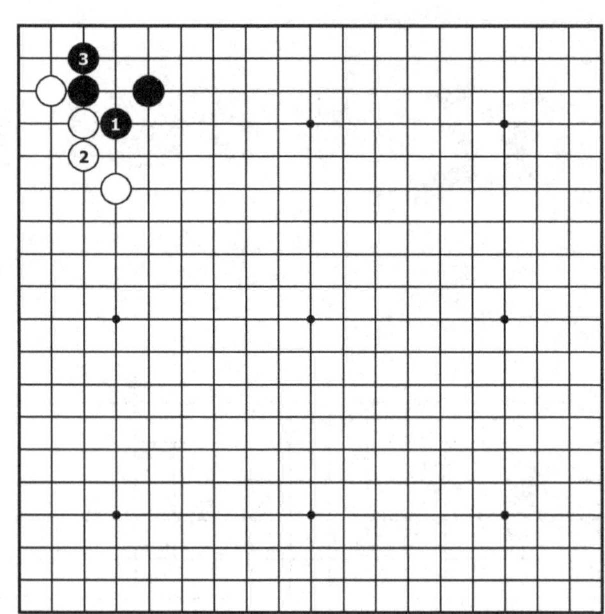

黑1选择正确。如此是定式的标准下法。

错解

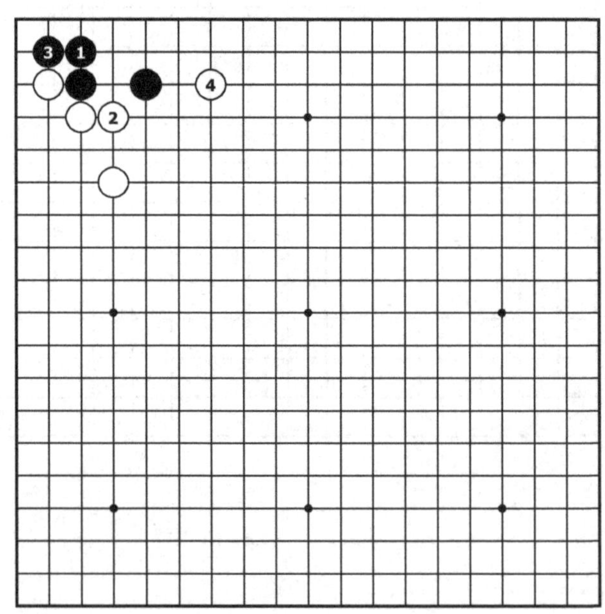

黑1选择错误。白2长后黑棋形被破坏，很难受。

33 第 33 题（黑先）

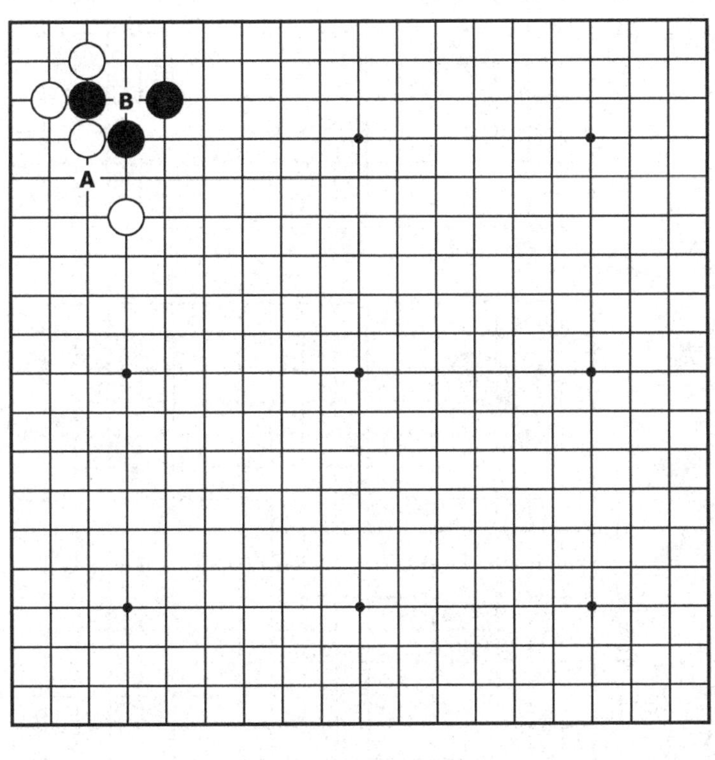

想一想，哪里是正确的选择？在正确选项后面的括号中画「√」。

A（　　）　B（　　）

正 解

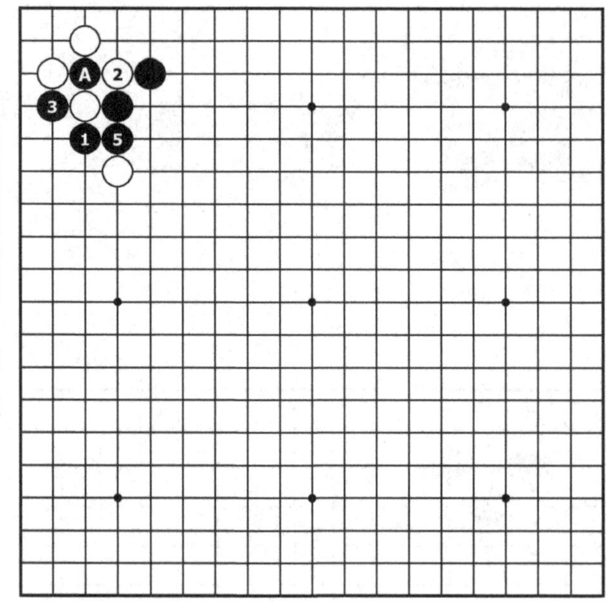

④=Ⓐ

黑1选择正确。如此是定式的标准下法。

错 解

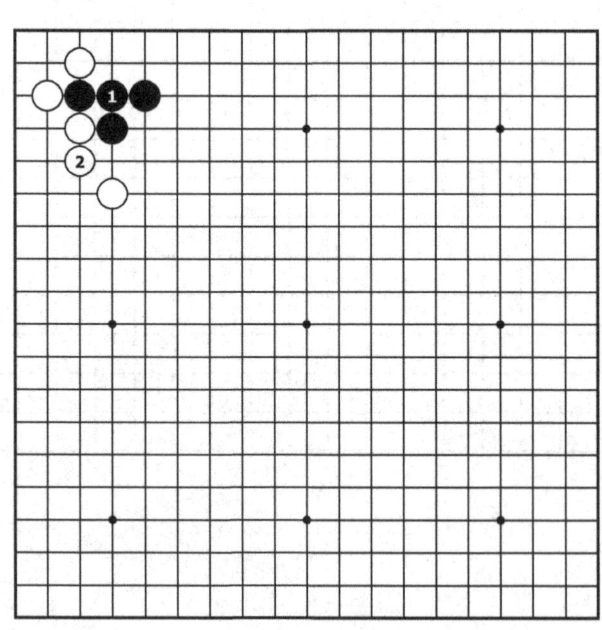

黑1选择错误。被打成愚形，绝对不能接受。

34 第34题（黑先）

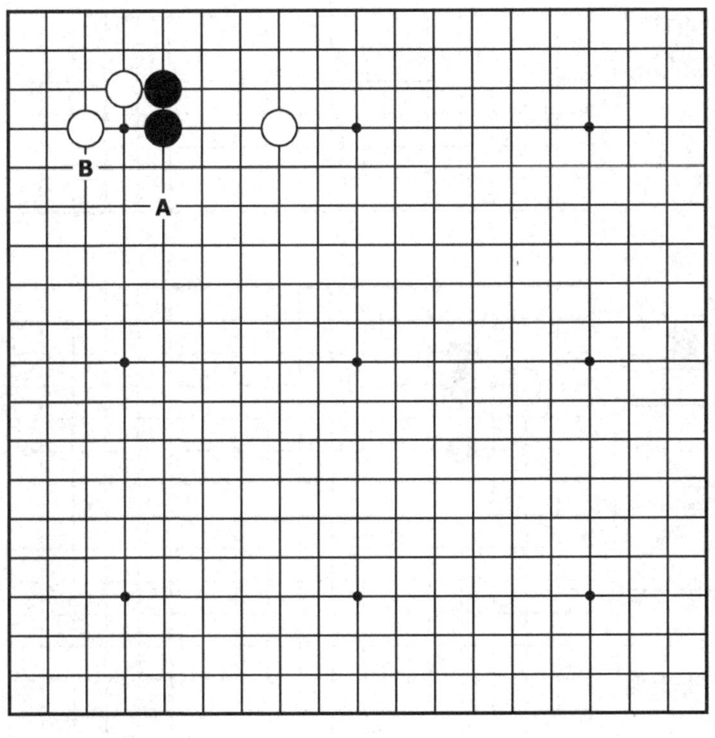

想一想，哪里是正确的选择？在正确选项后面的括号中画「√」。

A（　　）　B（　　）

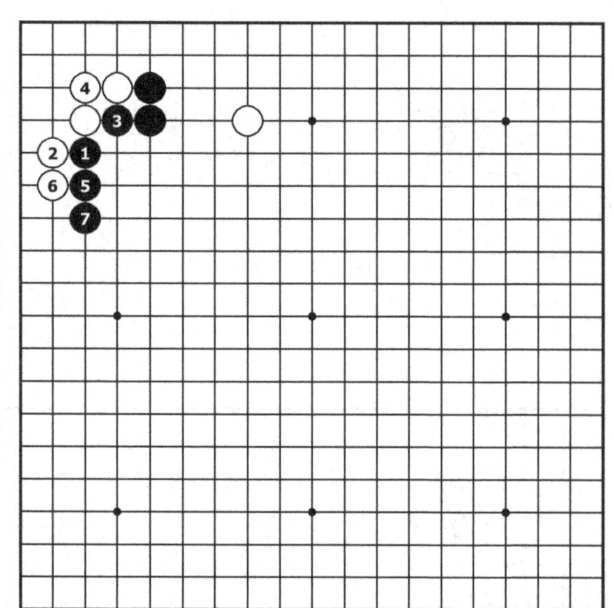

黑1选择正确。如此是定式的标准下法，黑棋较为主动。

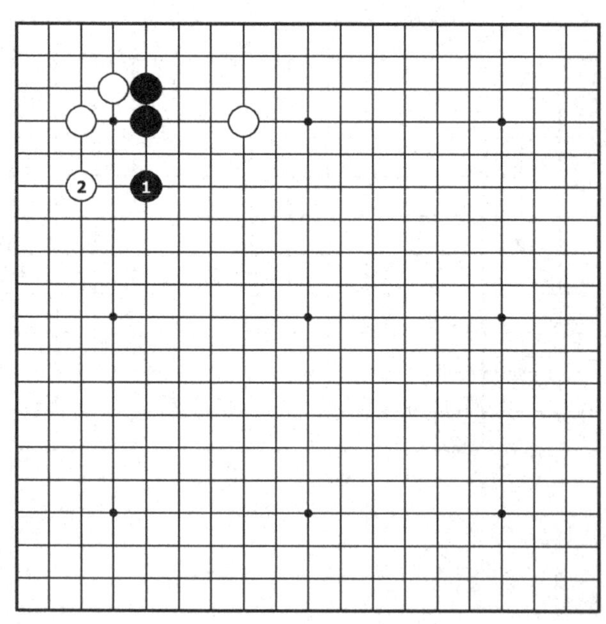

黑1选择错误。单纯逃跑并非上策。

第35题（黑先）

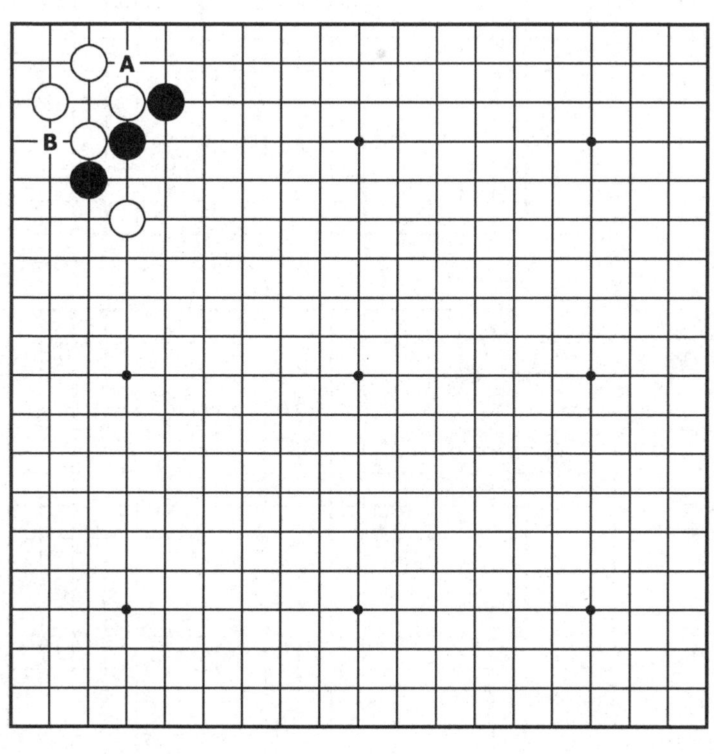

想一想，哪里是正确的选择？在正确选项后面的括号中画「√」。

A（ ） B（ ）

正解

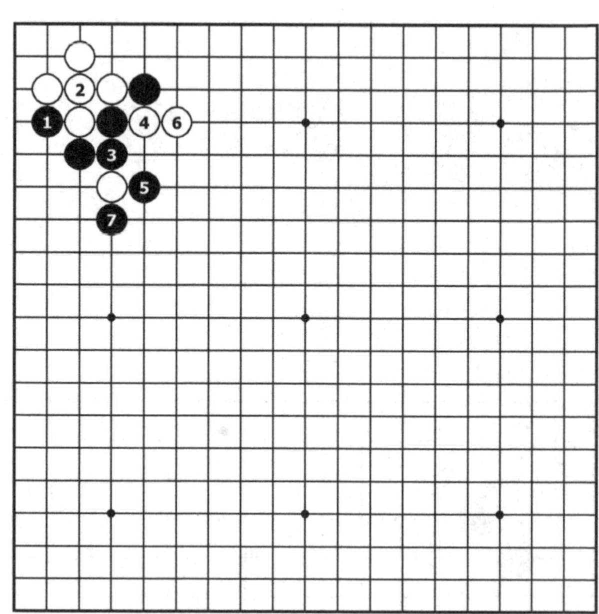

黑1选择正确。如此是定式的标准下法。

错解

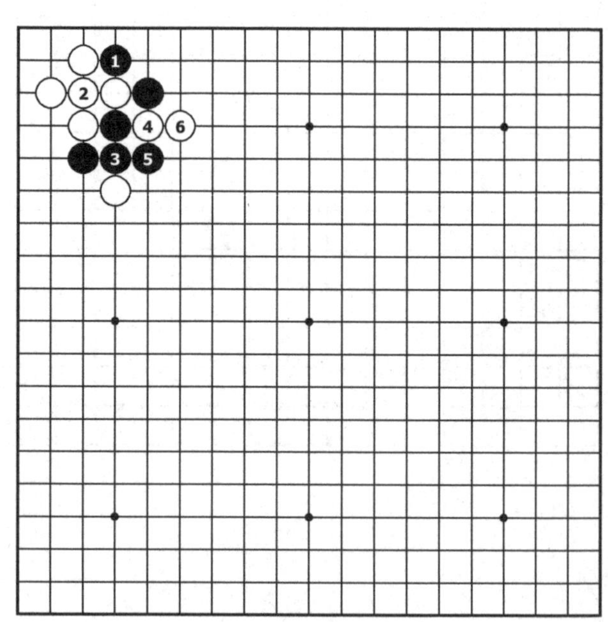

黑1选择错误。白4断后，黑1位一子显然是送死。

36 第36题（黑先）

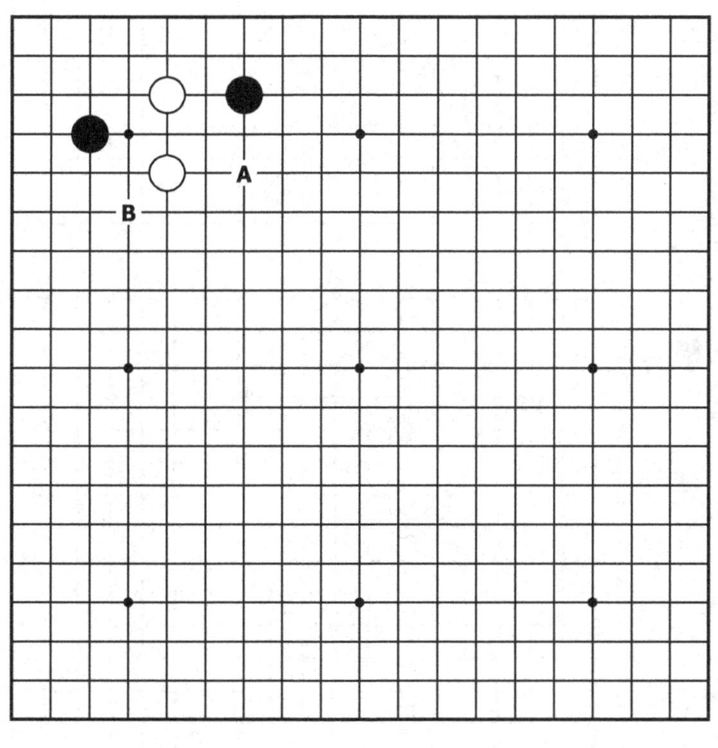

想一想，哪里是正确的选择？在正确选项后面的括号中画「√」。

A（　　）　B（　　）

正解

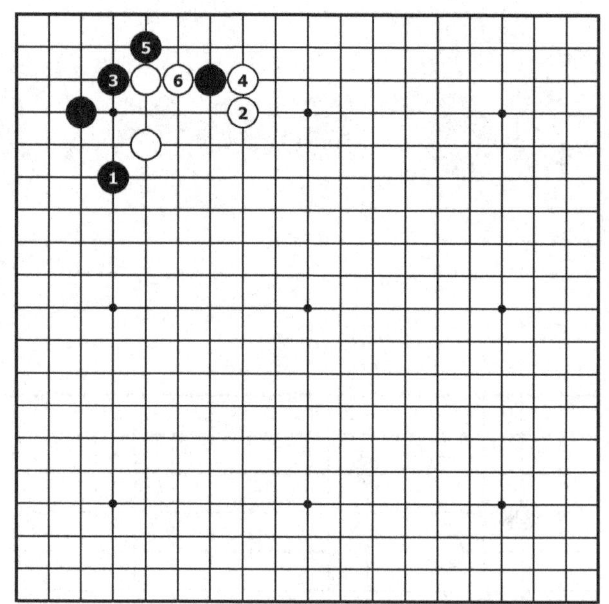

黑1选择正确。如此是定式的标准下法。

错解

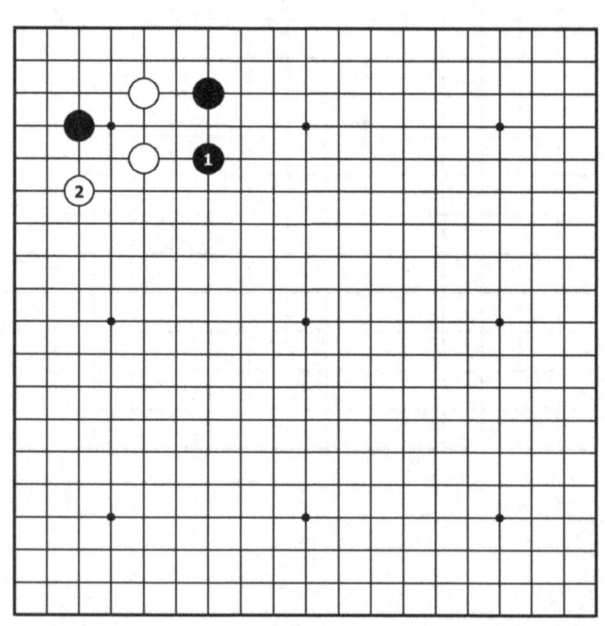

黑1选择错误。这里作战明显不利，如此将陷入被动。

37 第 37 题（黑先）

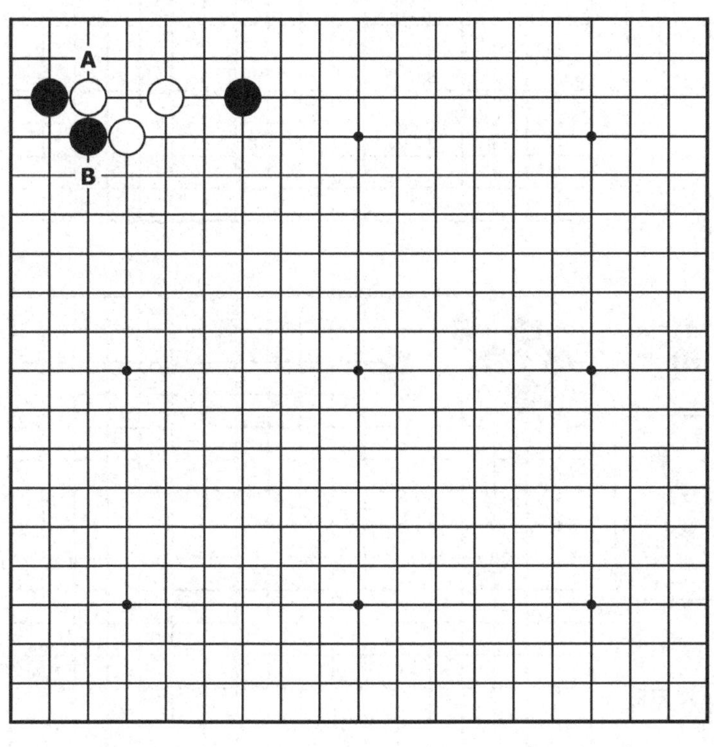

想一想，哪里是正确的选择？在正确选项后面的括号中画「√」。

A（　　）　B（　　）

正解

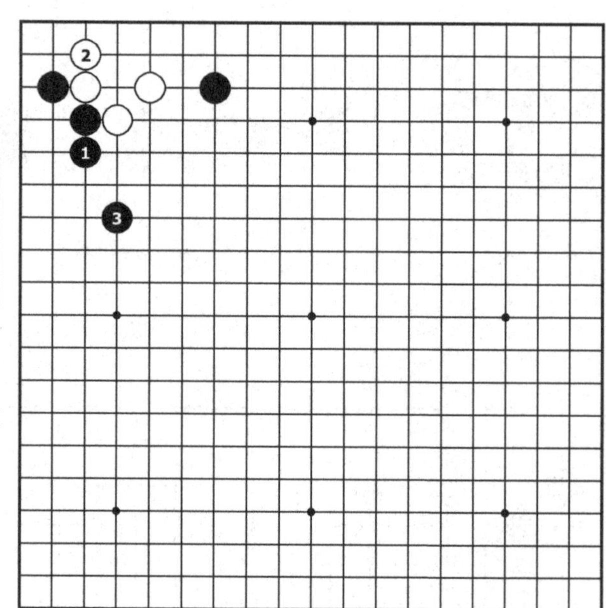

黑1选择正确。如此是定式的标准下法。

错解

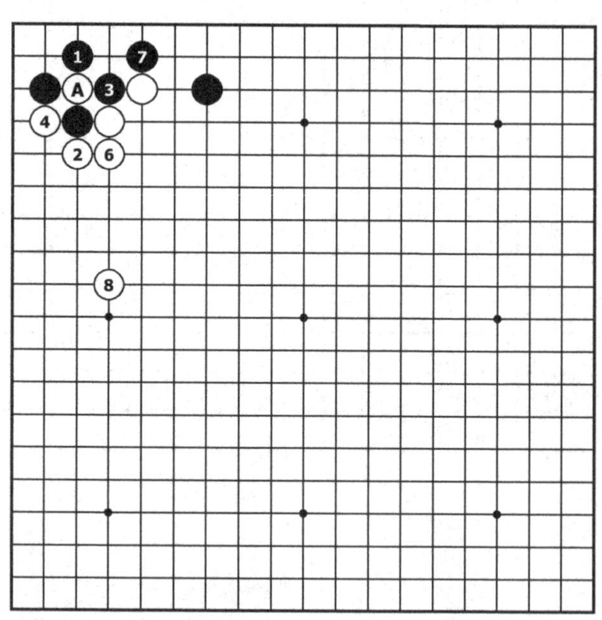

❺ = Ⓐ

黑1选择错误。黑棋整体位置太低，不能满意。

38 第38题（黑先）

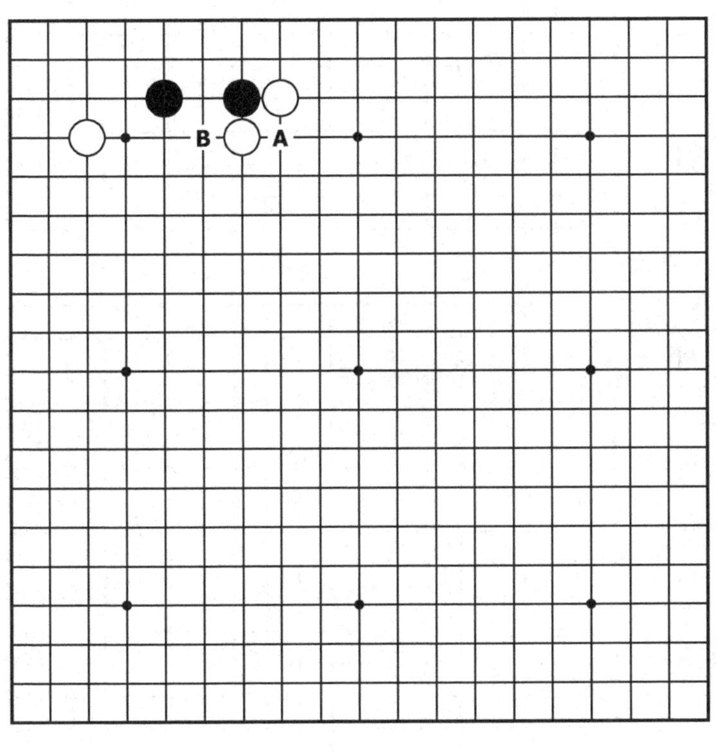

想一想，哪里是正确的选择？在正确选项后面的括号中画「√」。

A（　　）　B（　　）

正 解

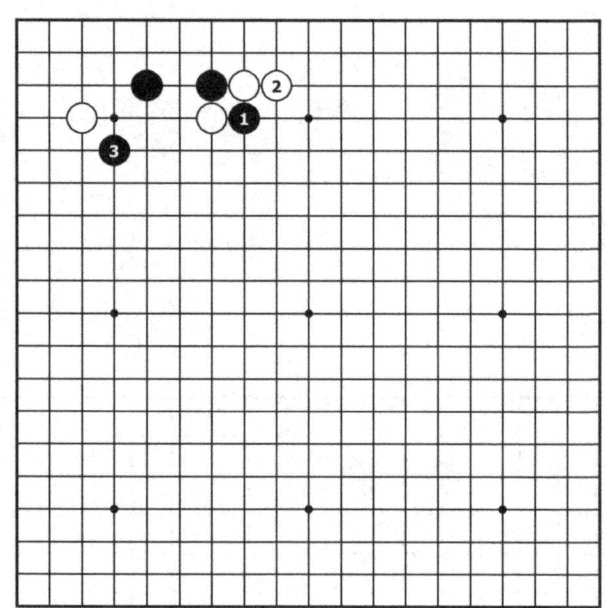

黑1选择正确。如此是定式的标准下法。

错 解

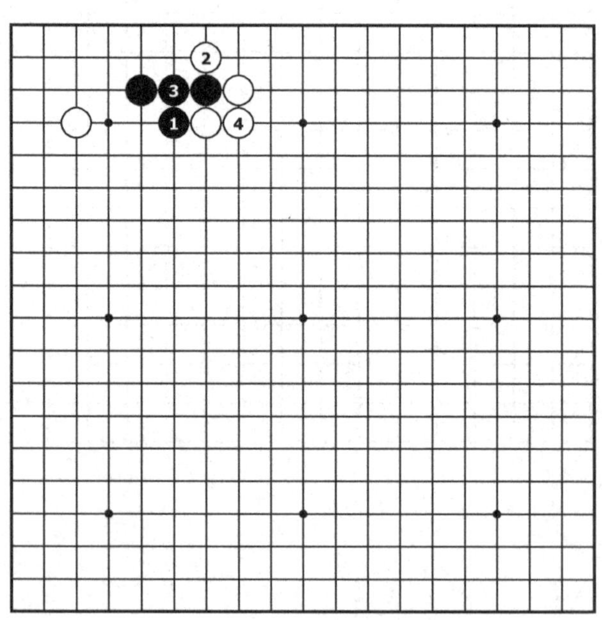

黑1选择错误。被打成愚形，绝对无法接受。

39 第 39 题（黑先）

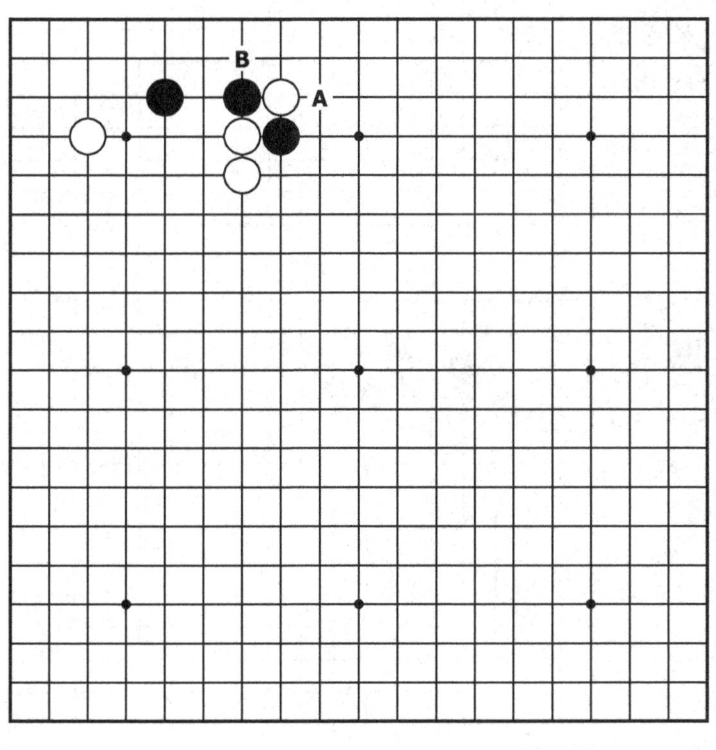

想一想，哪里是正确的选择？在正确选项后面的括号中画「√」。

A（　　）　B（　　）

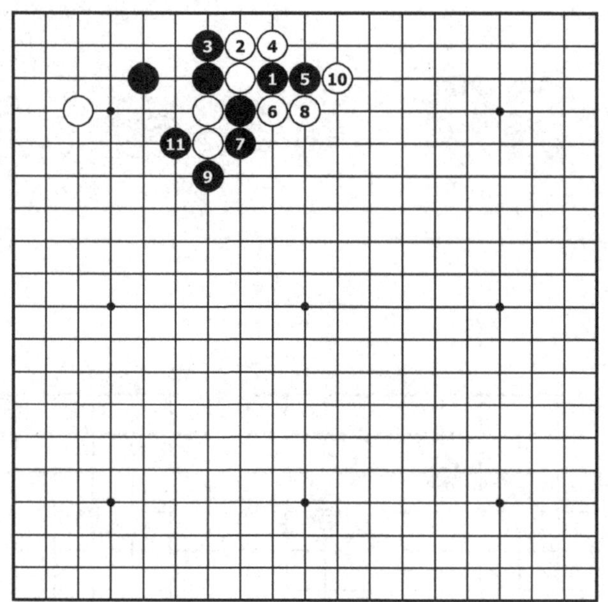

黑1选择正确。如此是定式的标准下法。在这个战斗中，黑棋有利。

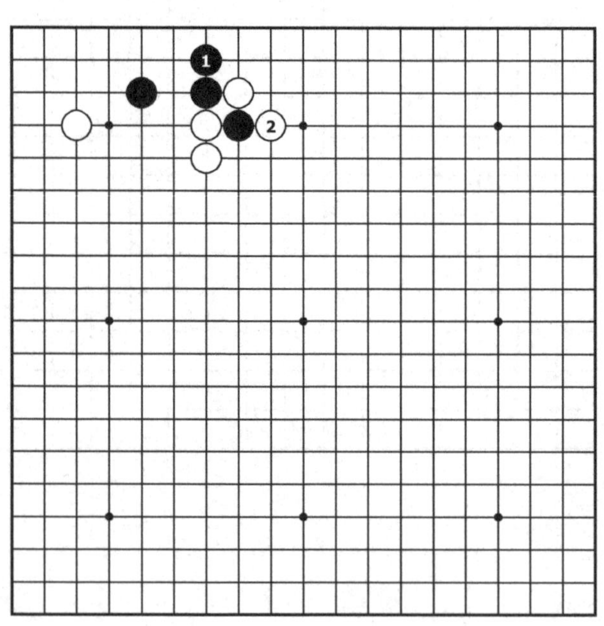

黑1选择错误。白2征掉黑一子后，黑棋没有收获。

40 第40题（黑先）

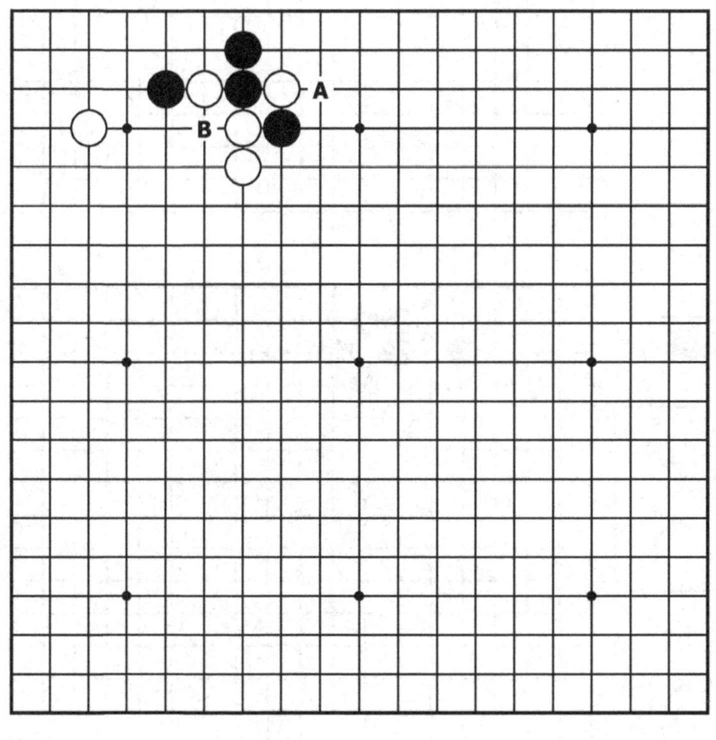

想一想，哪里是正确的选择？在正确选项后面的括号中画「√」。

A（　　）　B（　　）

正解

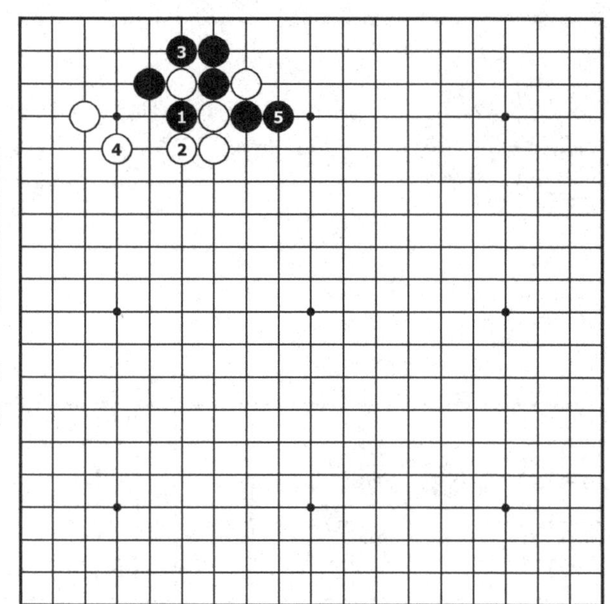

黑1选择正确。如此是定式的标准下法。

错解

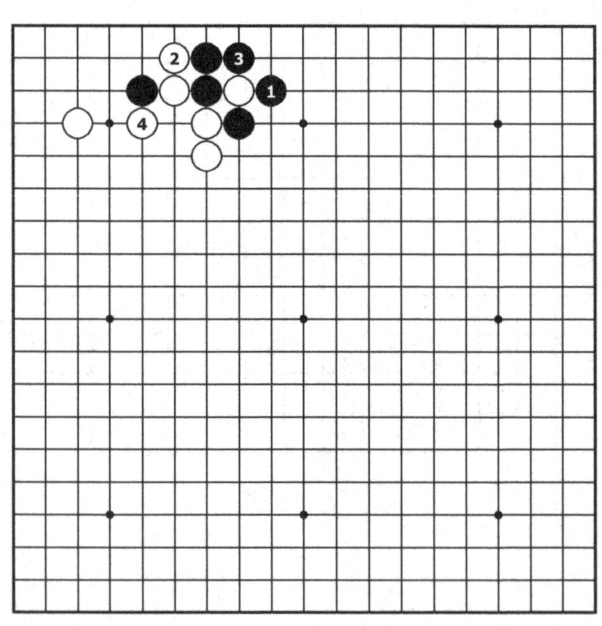

黑1选择错误。如此角部实地损失太大。

41 第41题（黑先）

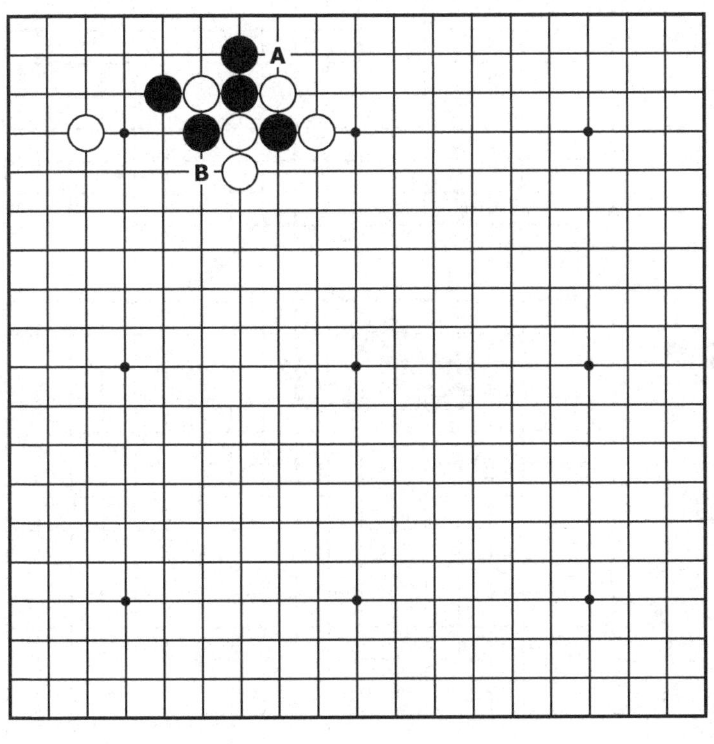

想一想，哪里是正确的选择？在正确选项后面的括号中画「√」。

A（　　）　B（　　）

正 解

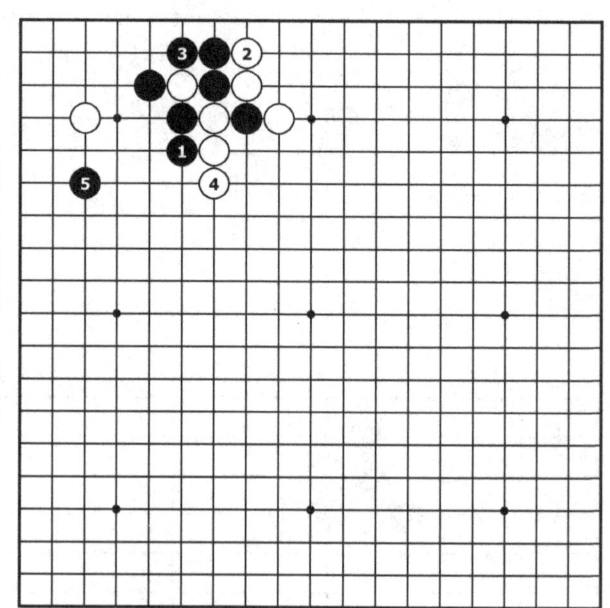

黑1选择正确。如此是定式的标准下法。

错 解

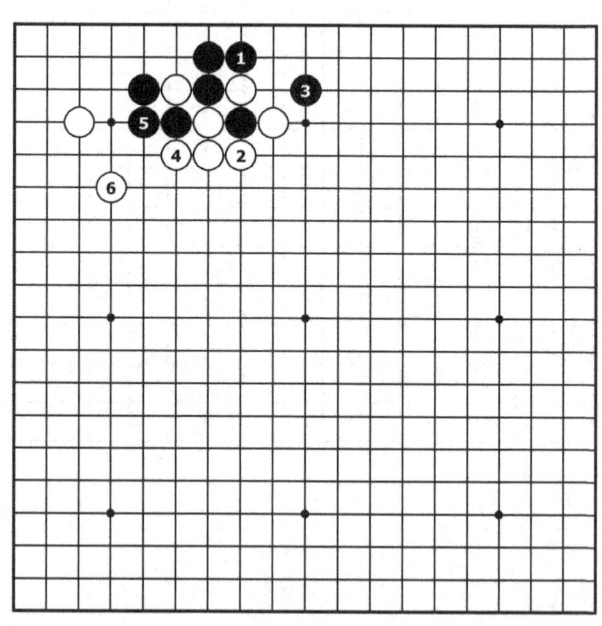

黑1选择错误。此时逃跑没有意义，应该选择出头。

42 第42题（黑先）

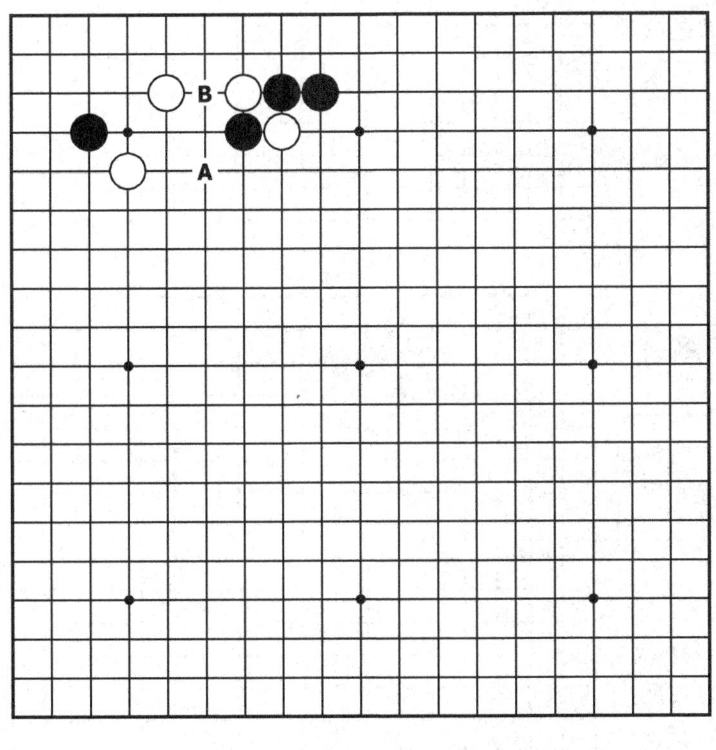

想一想，哪里是正确的选择？在正确选项后面的括号中画「√」。

A（　　）　B（　　）

正解

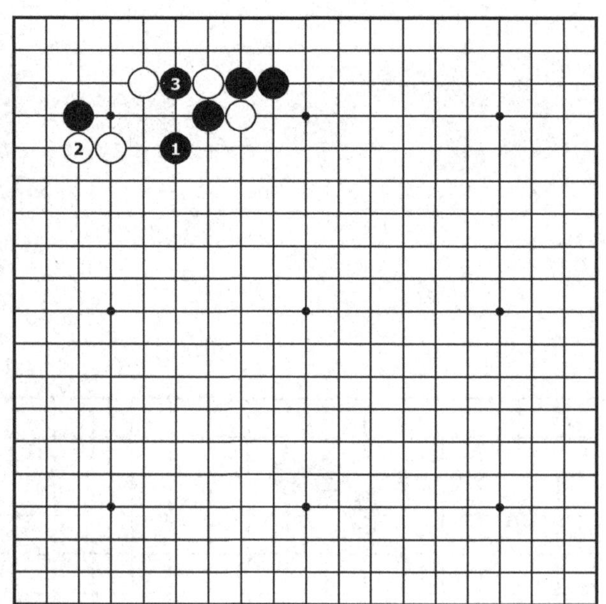

黑1选择正确。如此是定式的标准下法。

错解

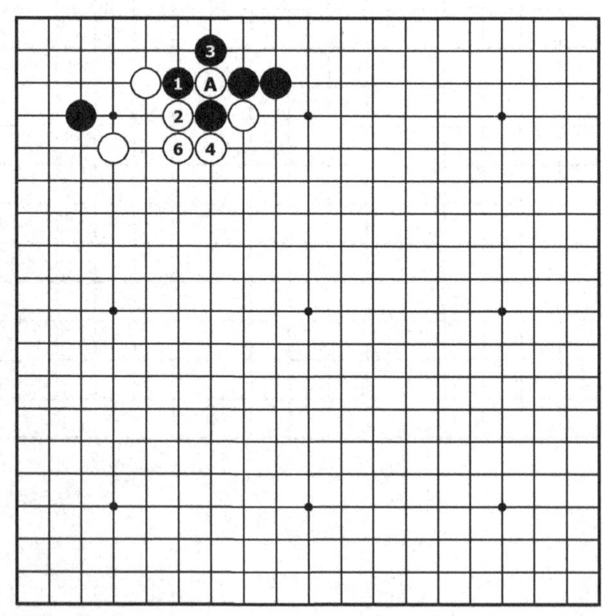

❺＝Ⓐ

黑1选择错误。此手中计，白2反打是好棋，如此可以将黑棋封锁在边上。

43 第 43 题（黑先）

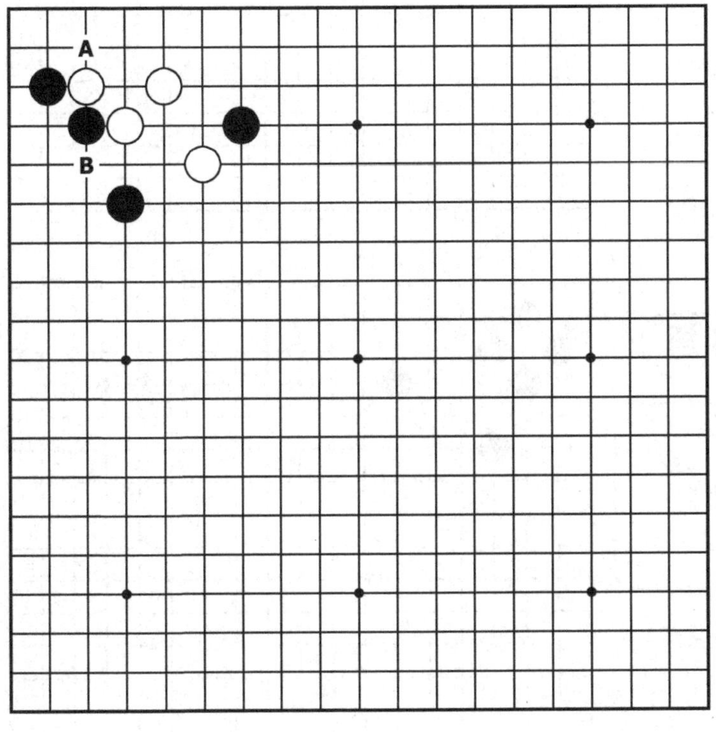

想一想，哪里是正确的选择？在正确选项后面的括号中画「√」。

A（　　）　B（　　）

正解

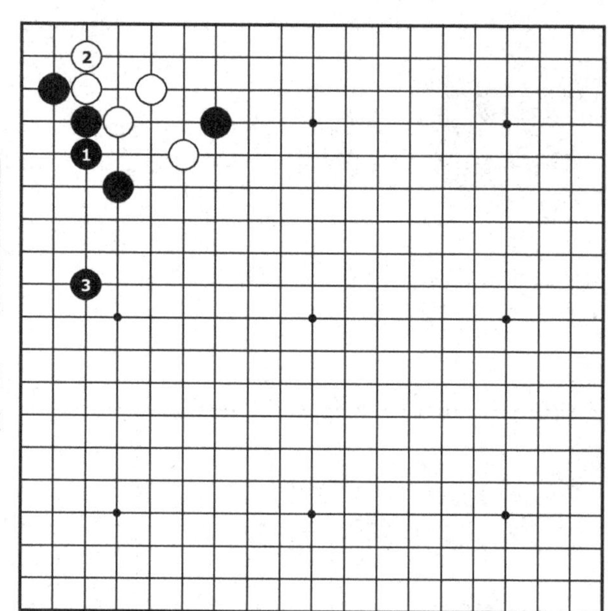

黑1选择正确。如此是定式的标准下法。

错解

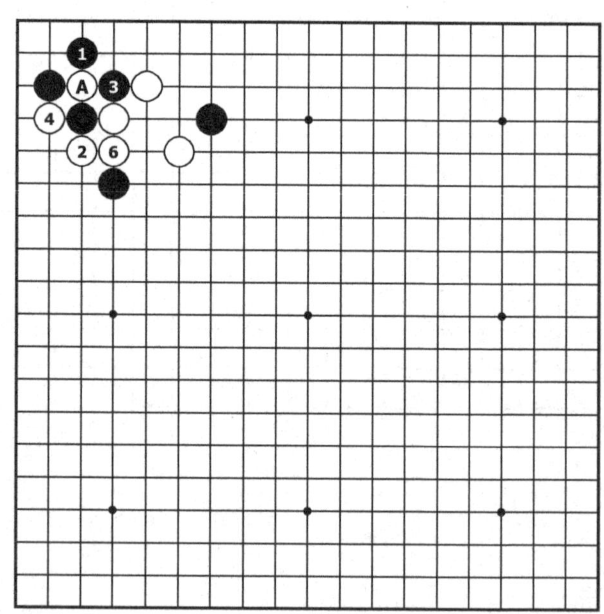

❺ = Ⓐ

黑1选择错误。这里作战并不明智，白2翻吃后黑外围两子被分割，黑亏损。

44 第 44 题（黑先）

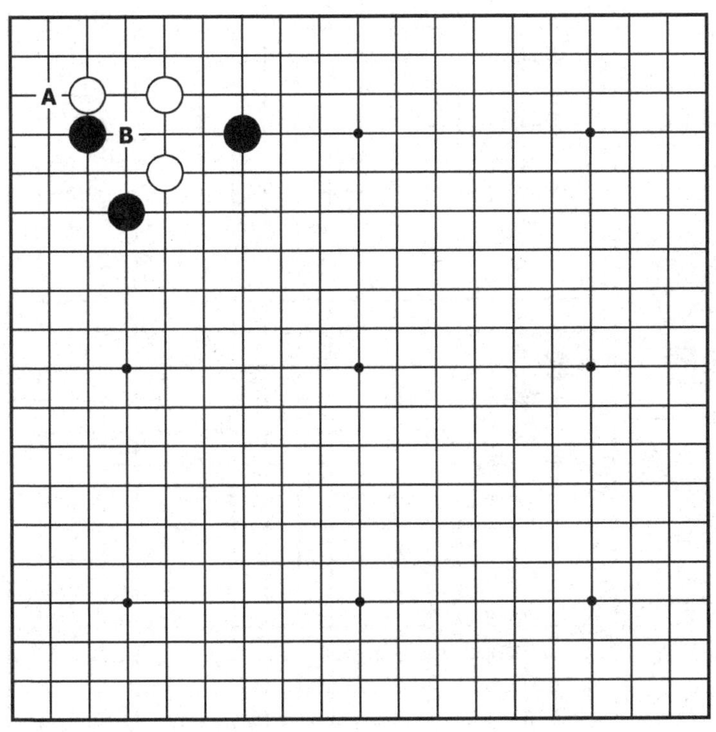

想一想，哪里是正确的选择？在正确选项后面的括号中画「√」。

A（　　）　B（　　）

正 解

黑1选择正确。如此可以有效地惩罚白棋，局部黑棋作战成功。

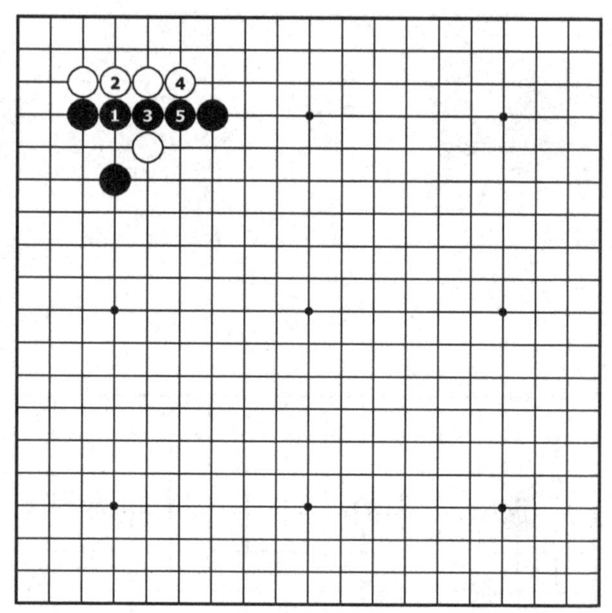

错 解

黑1选择错误。错失了击溃白棋的时机。

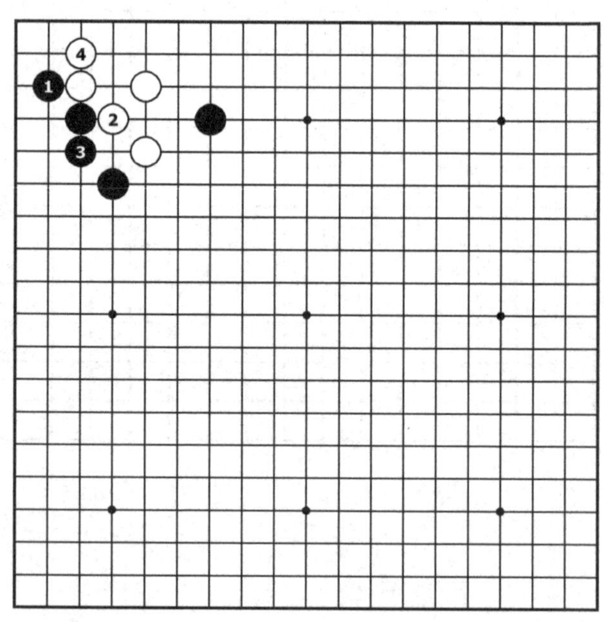

45 第45题（黑先）

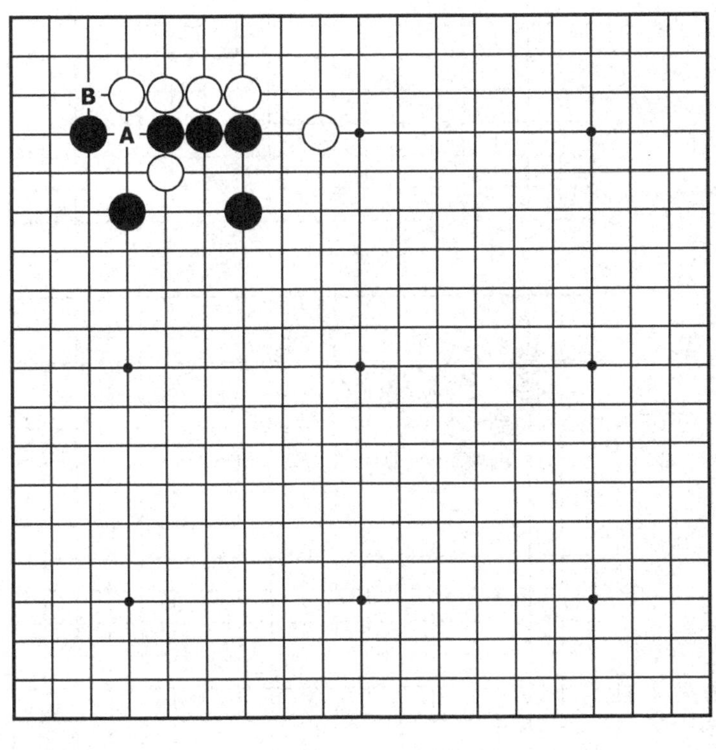

想一想，哪里是正确的选择？在正确选项后面的括号中画「√」。

A（　　）　B（　　）

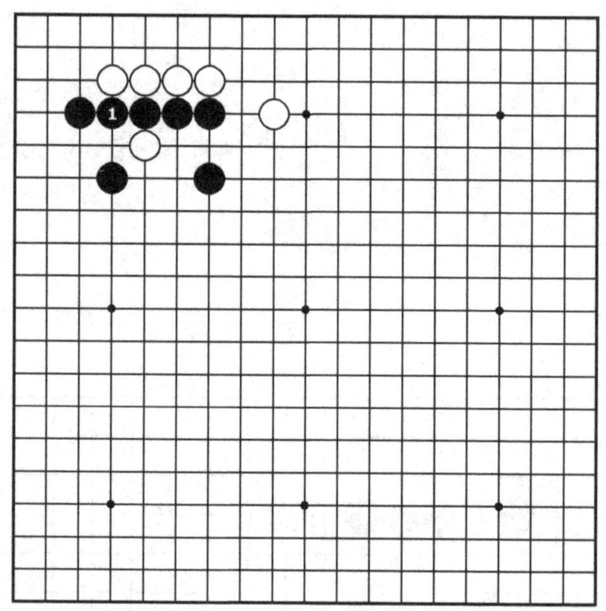

黑1选择正确。如此是定式的标准下法。

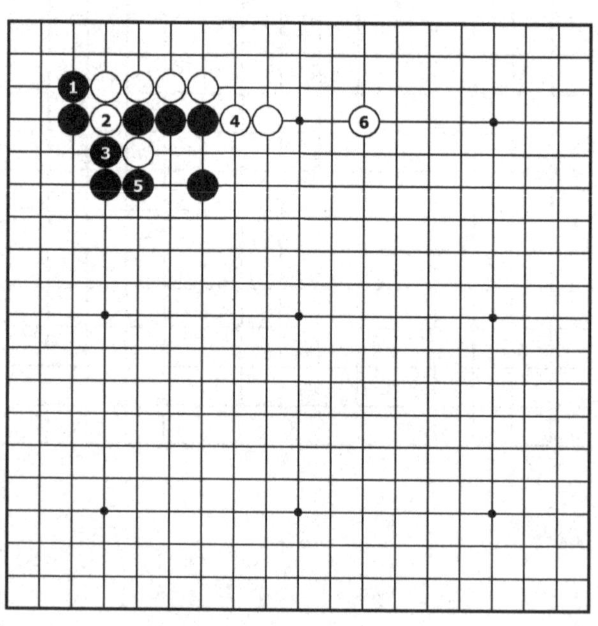

黑1选择错误。白2冲后黑棋外围明显变薄，得不偿失。

46 第 46 题（黑先）

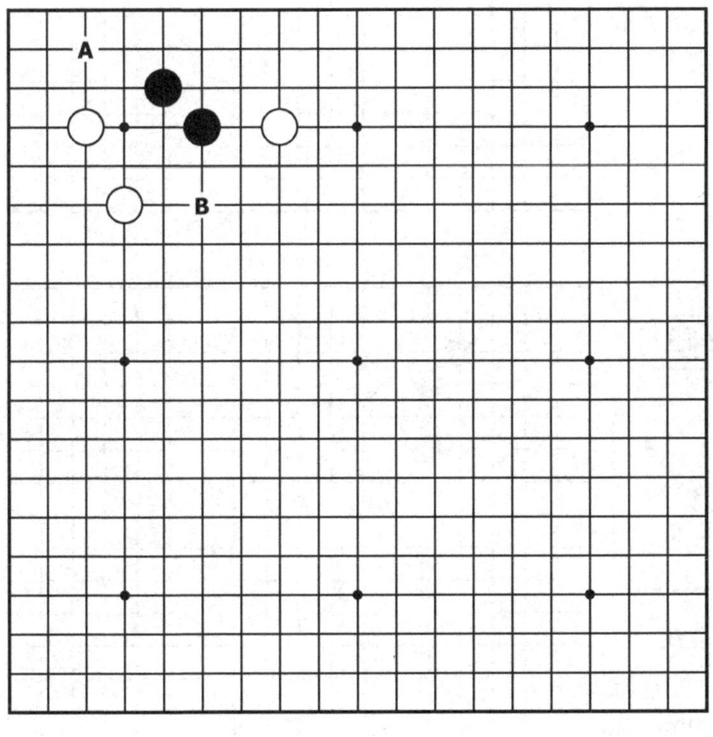

想一想，哪里是正确的选择？在正确选项后面的括号中画「√」。

A（　　）　B（　　）

正解

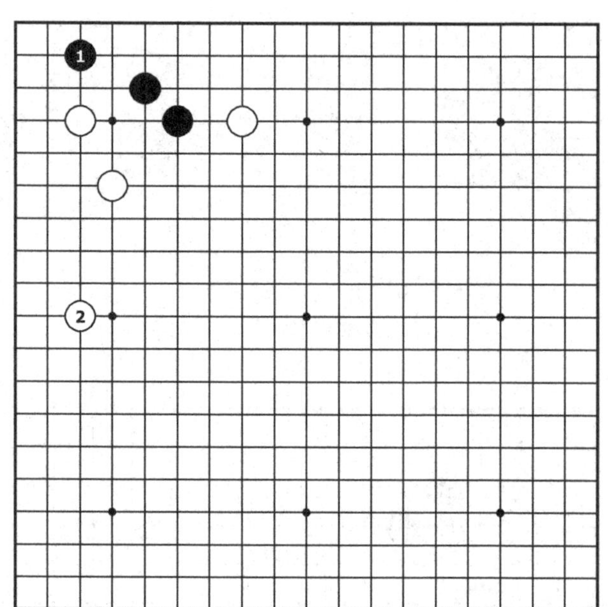

黑1选择正确。如此是定式的标准下法。

错解

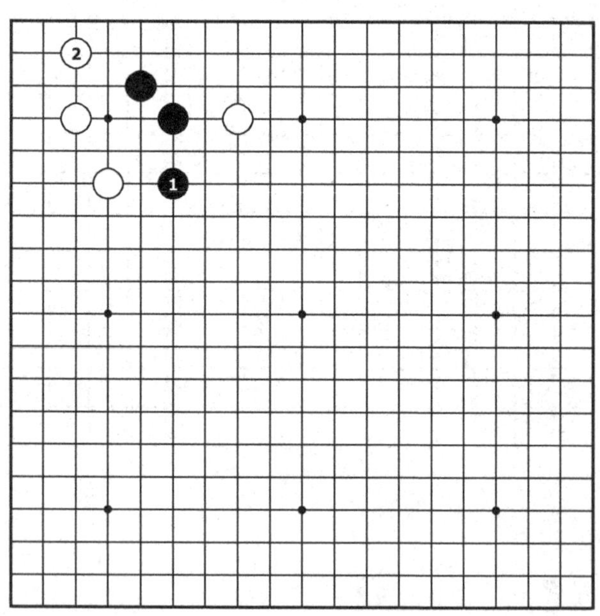

黑1选择错误。白2实地很大，同时破坏黑棋眼位，黑苦战。

47 第 47 题（黑先）

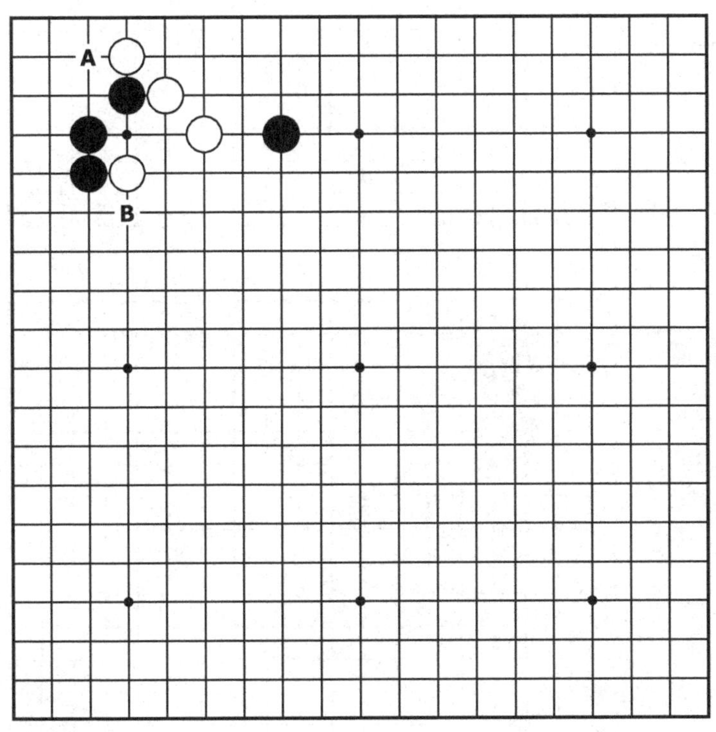

想一想，哪里是正确的选择？在正确选项后面的括号中画「√」。

A（　　）　B（　　）

正解

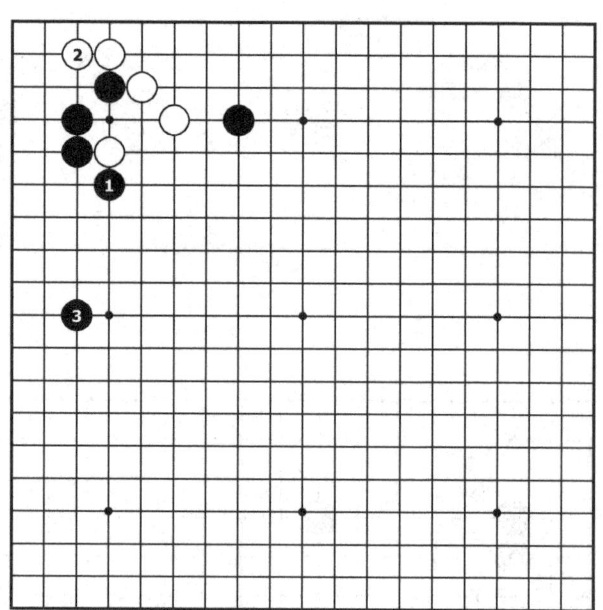

黑1选择正确。如此是定式的标准下法。

错解

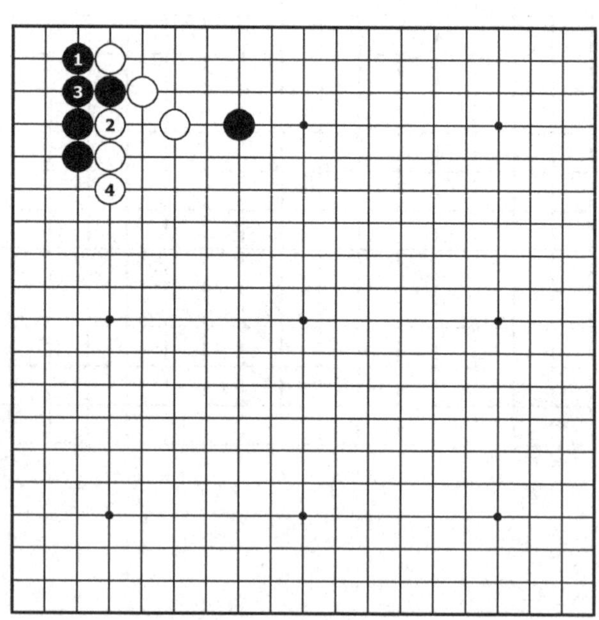

黑1选择错误。简单定型正是白棋所欢迎的，白2以下棋形完整，黑不满。

48 第 48 题（黑先）

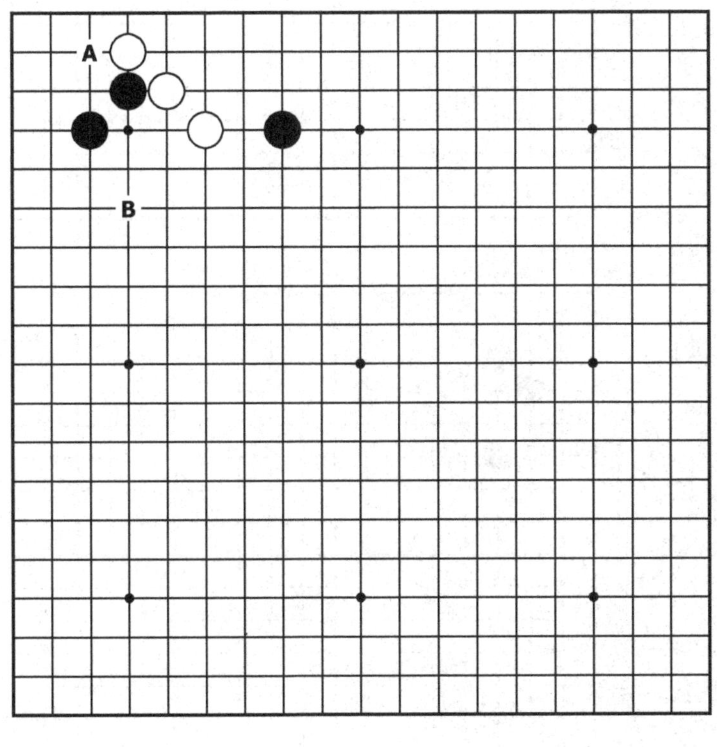

想一想，哪里是正确的选择？在正确选项后面的括号中画「√」。

A（　　）　B（　　）

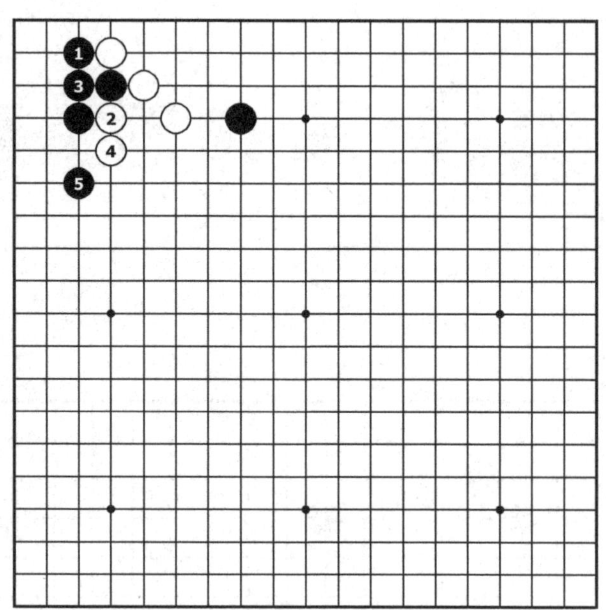

黑1选择正确。如此是定式的标准下法。

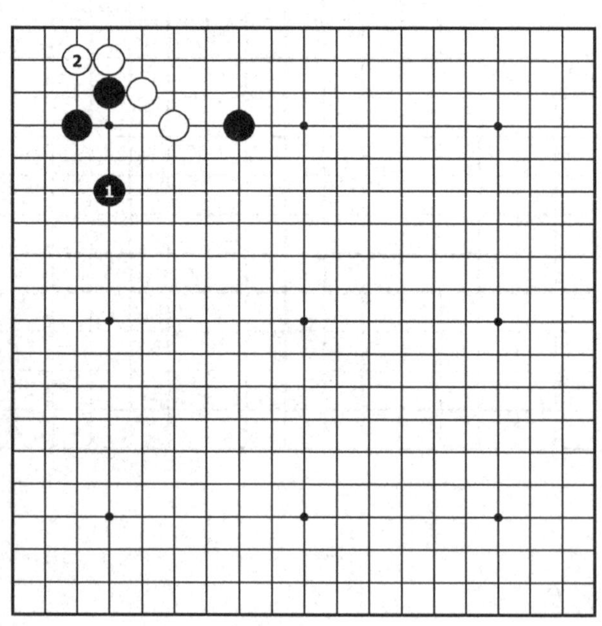

黑1选择错误。此时必须挡住。看上去一个小小的次序错误，却有很大差别。

49 第49题（黑先）

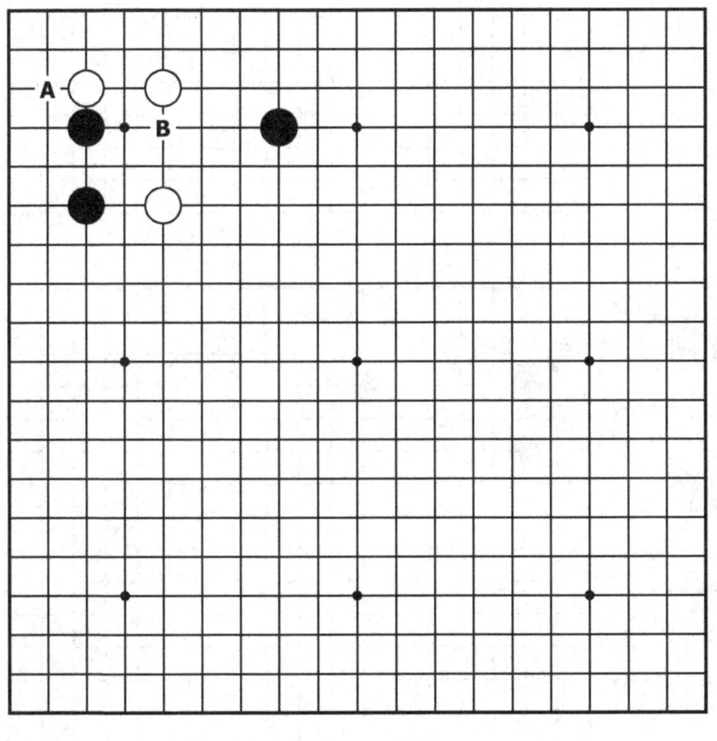

想一想，哪里是正确的选择？在正确选项后面的括号中画「√」。

A（　　）　B（　　）

正 解

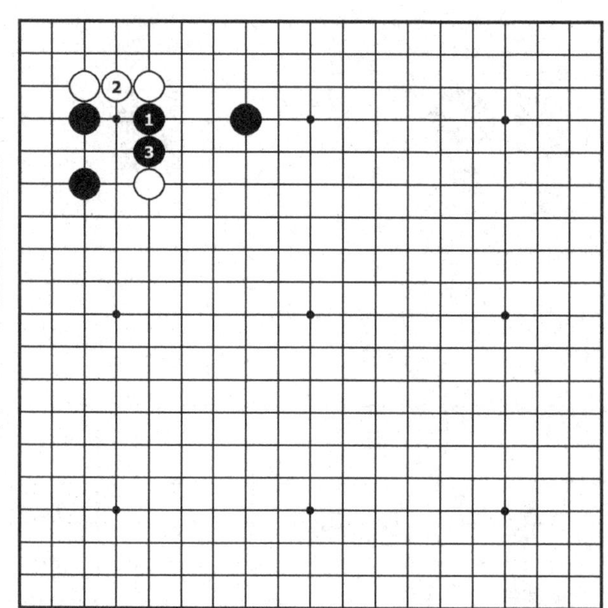

黑1选择正确。如此是定式的标准下法。

错 解

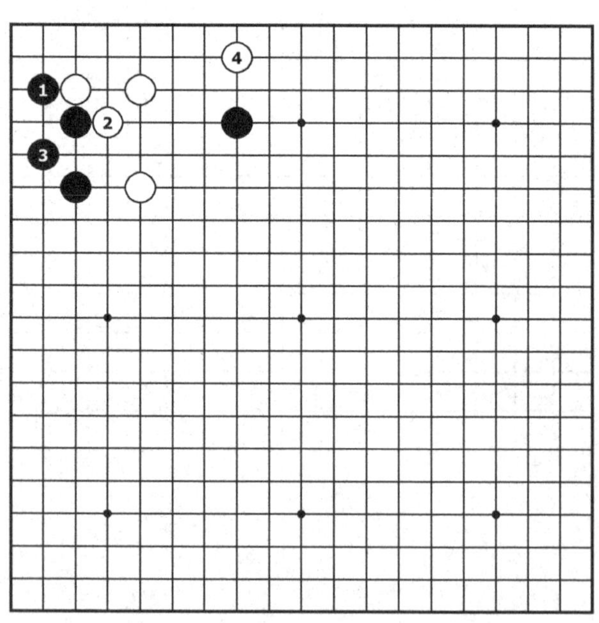

黑1选择错误。此时必须想办法分断白棋。

50 第50题（黑先）

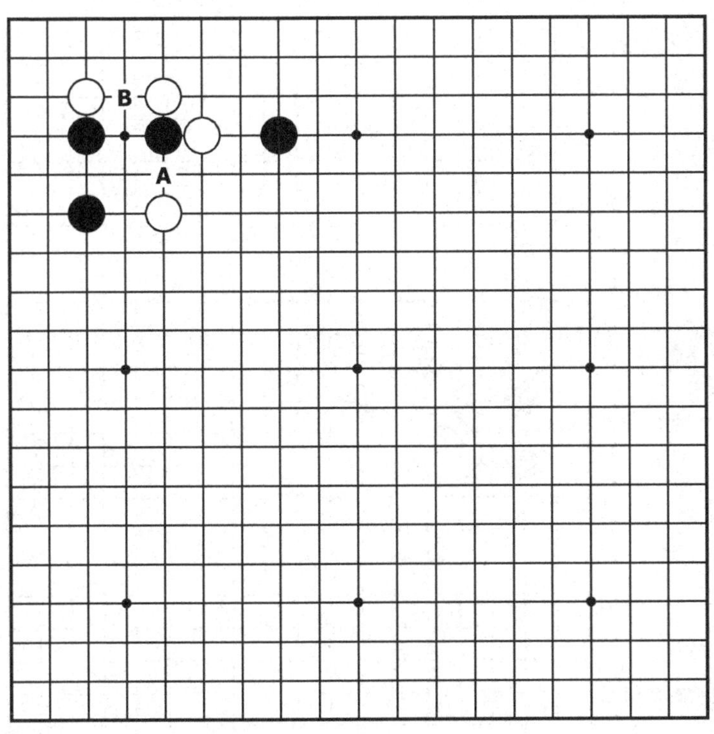

想一想，哪里是正确的选择？在正确选项后面的括号中画「√」。

A（　　）　B（　　）

正解

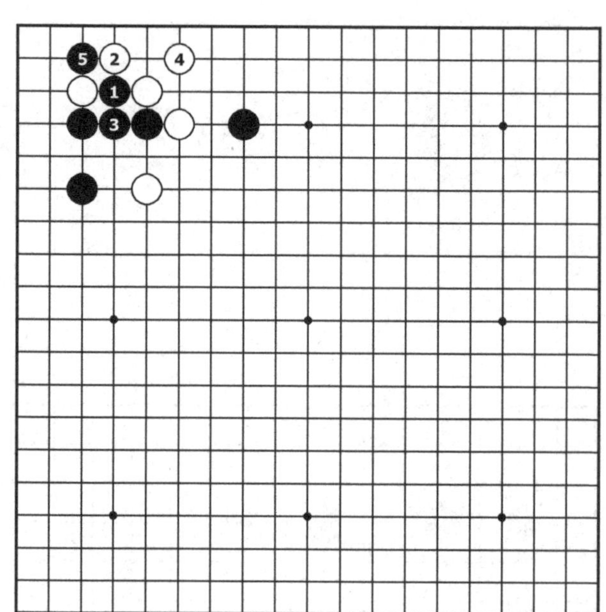

黑1选择正确。此时反击恰到好处，冲击白棋的弱点，黑有利。

错解

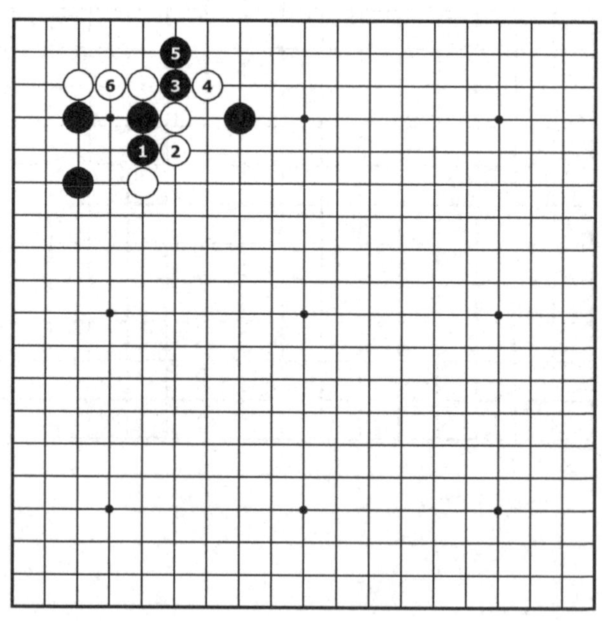

黑1选择错误。这里作战明显不利，如此将陷入被动。

51 第51题（黑先）

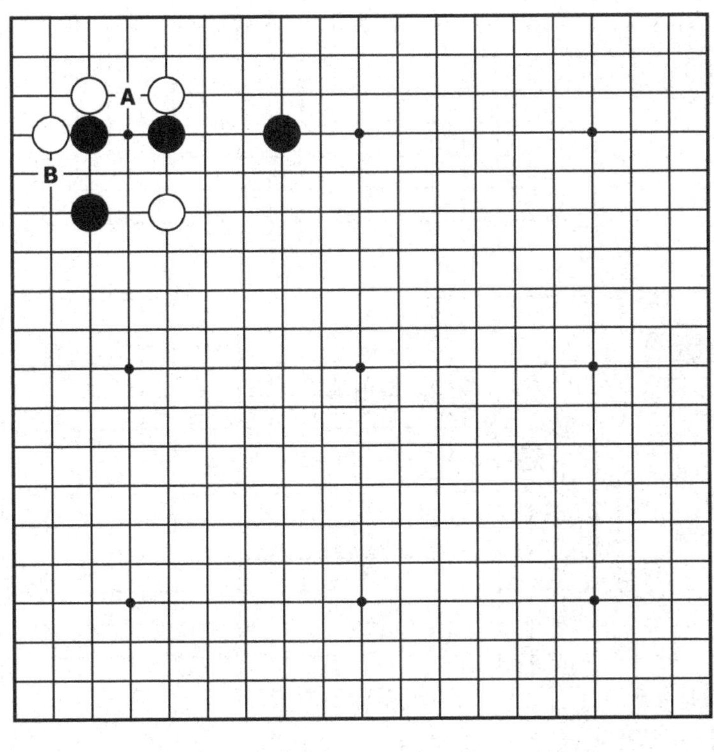

想一想，哪里是正确的选择？在正确选项后面的括号中画「√」。

A（　　）　B（　　）

正解

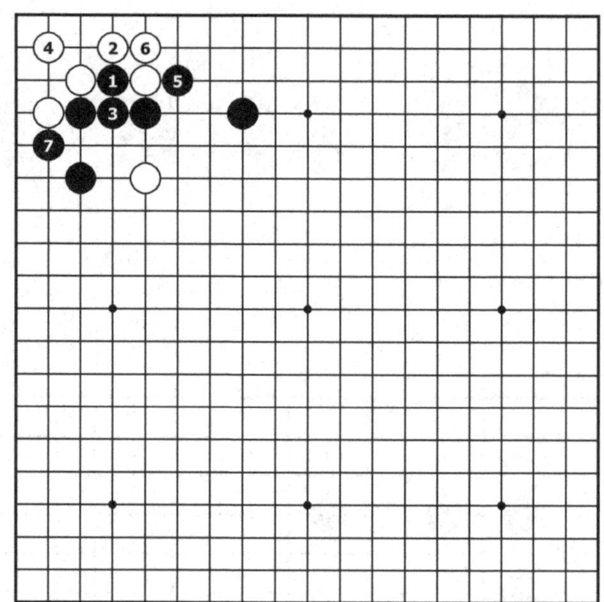

黑1选择正确。此时反击时机恰当，黑棋局部占优。

错解

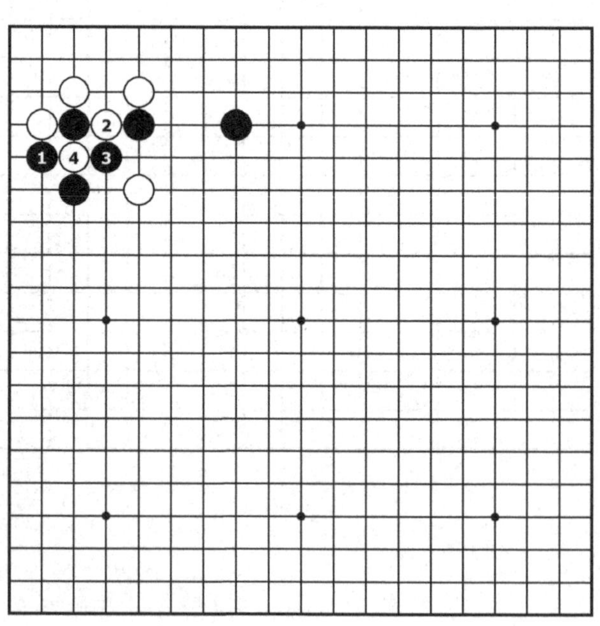

黑1选择错误。这里作战明显不利，白2打吃后黑棋棋形被破坏，陷入被动。

52 第 52 题（黑先）

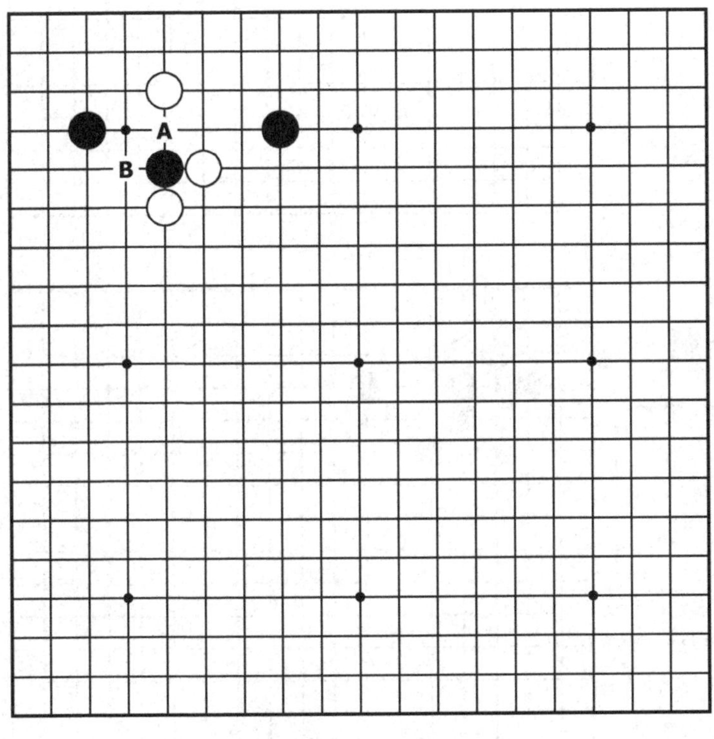

想一想，哪里是正确的选择？在正确选项后面的括号中画「√」。

A（　　）　B（　　）

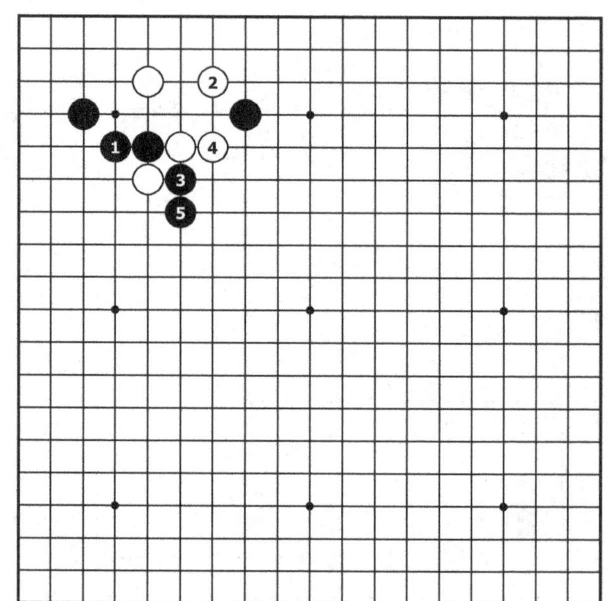

黑1选择正确。如此是定式的标准下法。

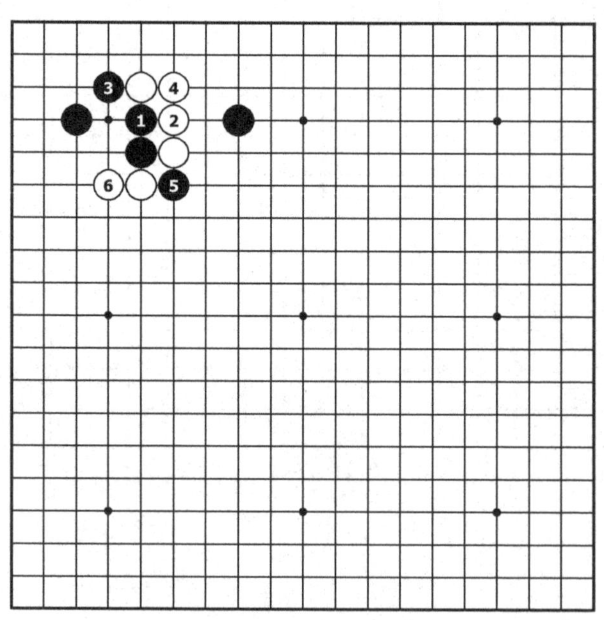

黑1选择错误。这里作战明显不利，如此将陷入被动。

53 第53题（黑先）

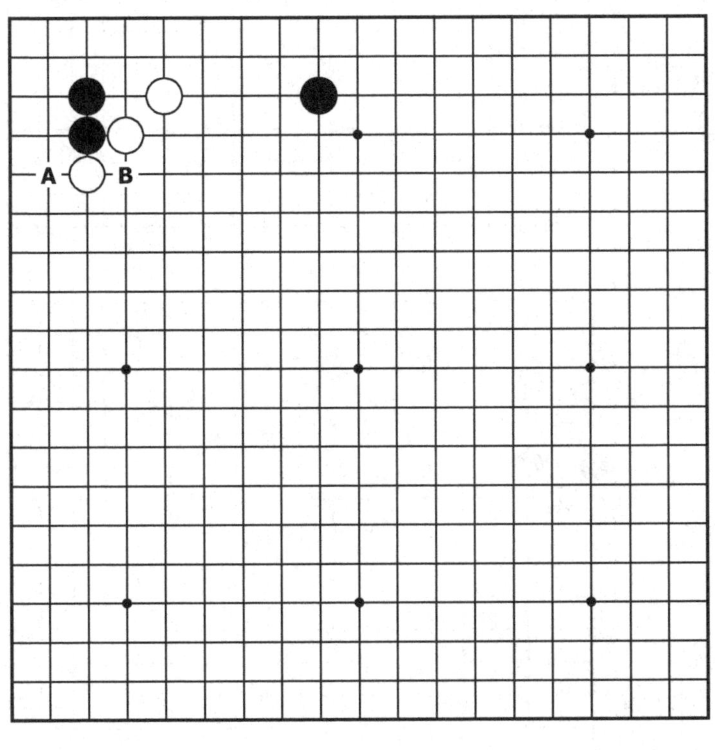

想一想，哪里是正确的选择？在正确选项后面的括号中画「√」。

A（　　）　B（　　）

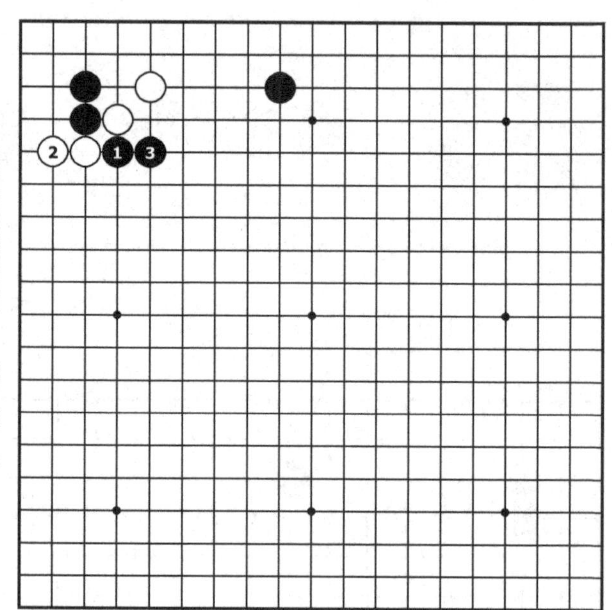

黑1选择正确。如此是定式的标准下法，接下来将形成激战。

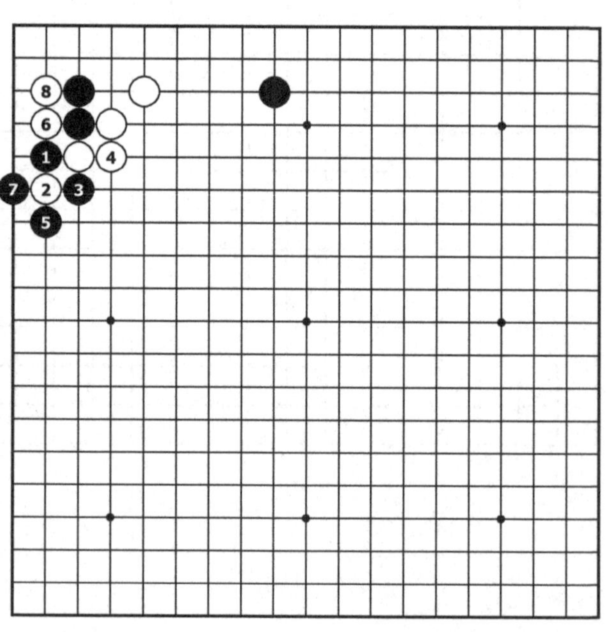

黑1选择错误。此时必须断开白棋作战，本图局部目数损失很大。

54 第54题（黑先）

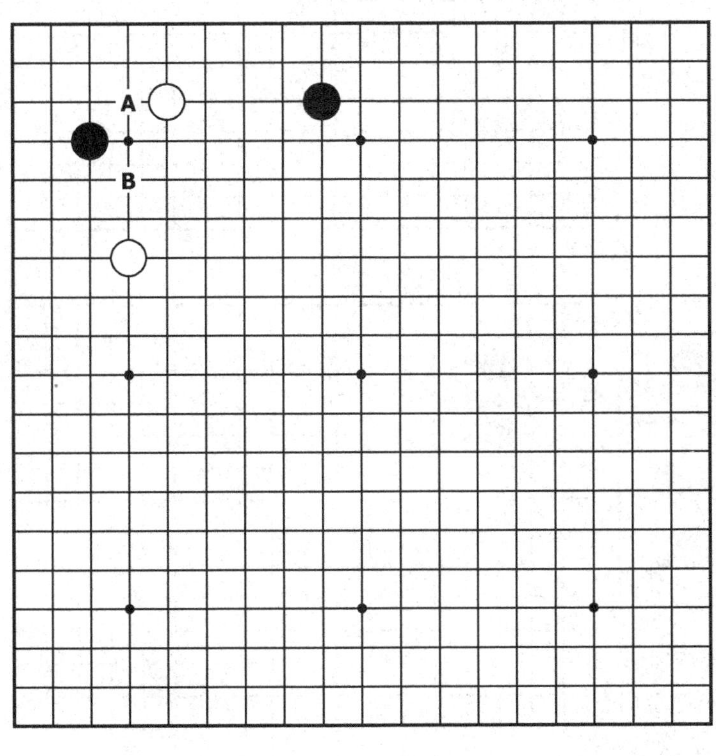

想一想，哪里是正确的选择？在正确选项后面的括号中画「√」。

A（　　）　B（　　）

正解

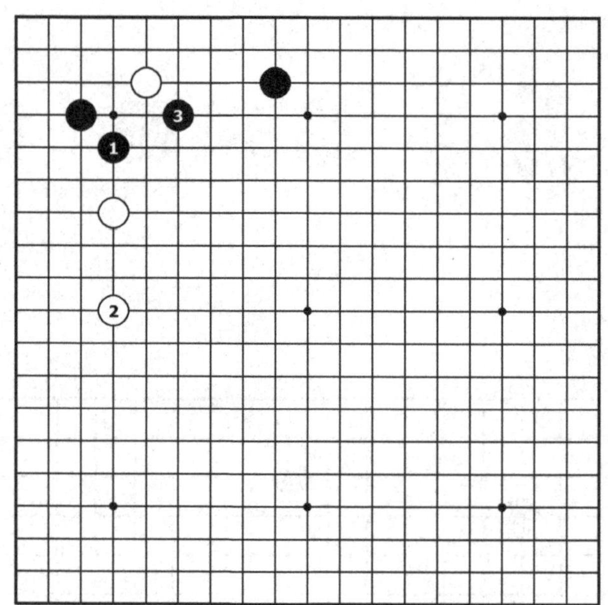

黑1选择正确。如此是定式的标准下法。

错解

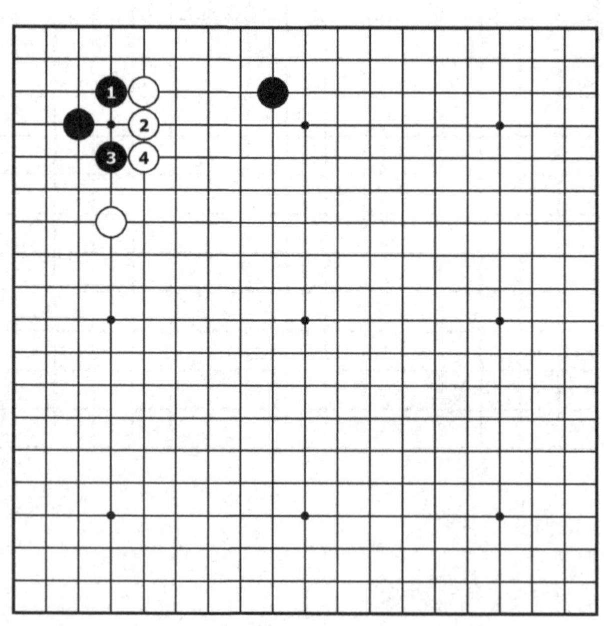

黑1选择错误。此时应该先考虑出头，而不是做活。

55 第55题（黑先）

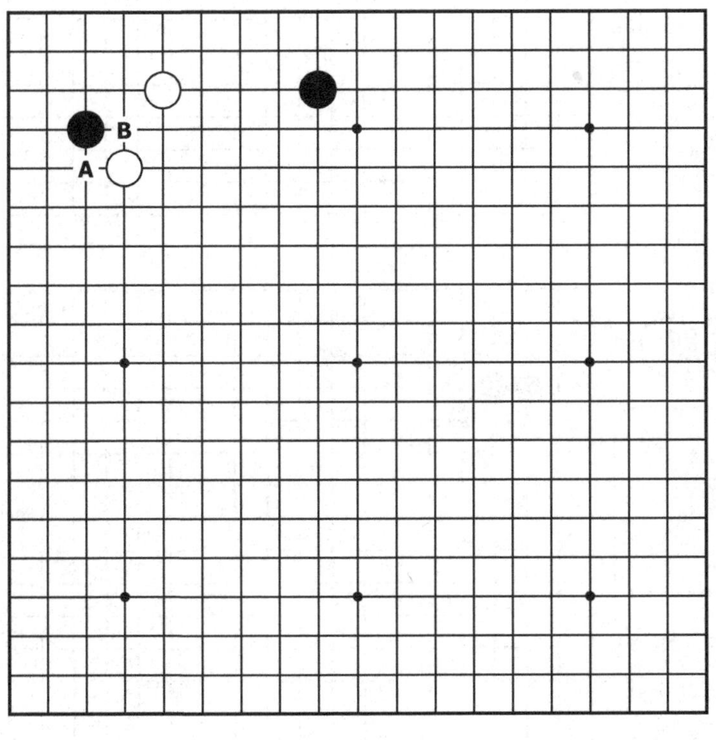

想一想，哪里是正确的选择？在正确选项后面的括号中画「√」。

A（　　）　B（　　）

正 解

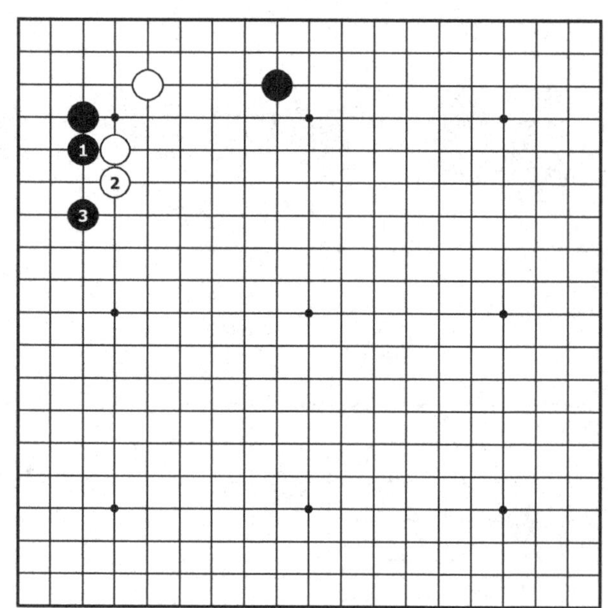

黑1选择正确。如此是定式的标准下法。

错 解

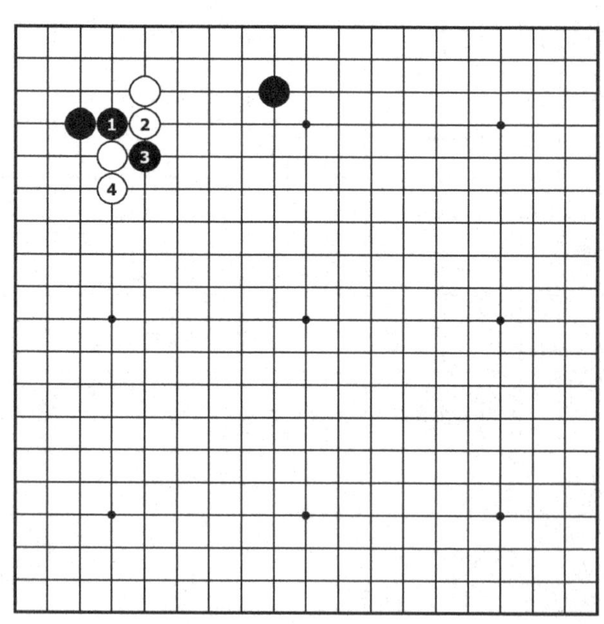

黑1选择错误。这里作战明显不利，如此将陷入被动。

56 第 56 题（黑先）

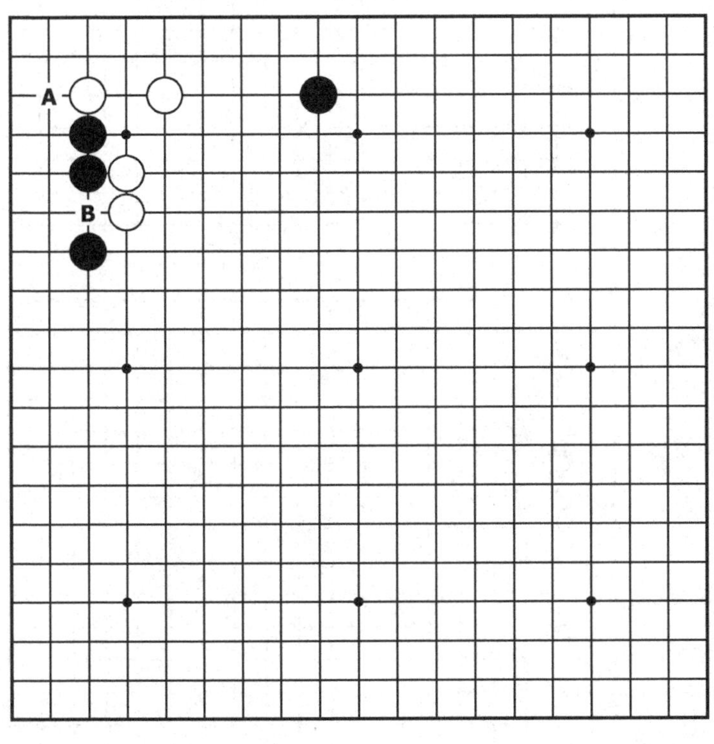

想一想，哪里是正确的选择？在正确选项后面的括号中画「√」。

A（　　）　B（　　）

正解

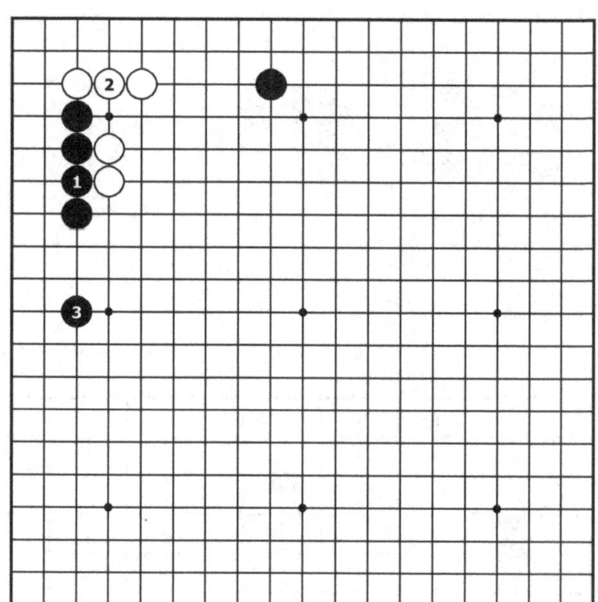

黑1选择正确。如此是定式的标准下法。

错解

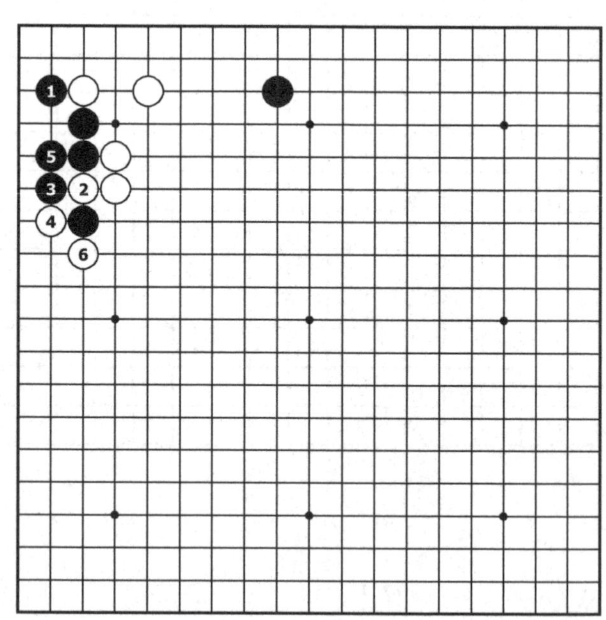

黑1选择错误。白2冲断严厉，如此黑棋损失惨重。

57 第 57 题（黑先）

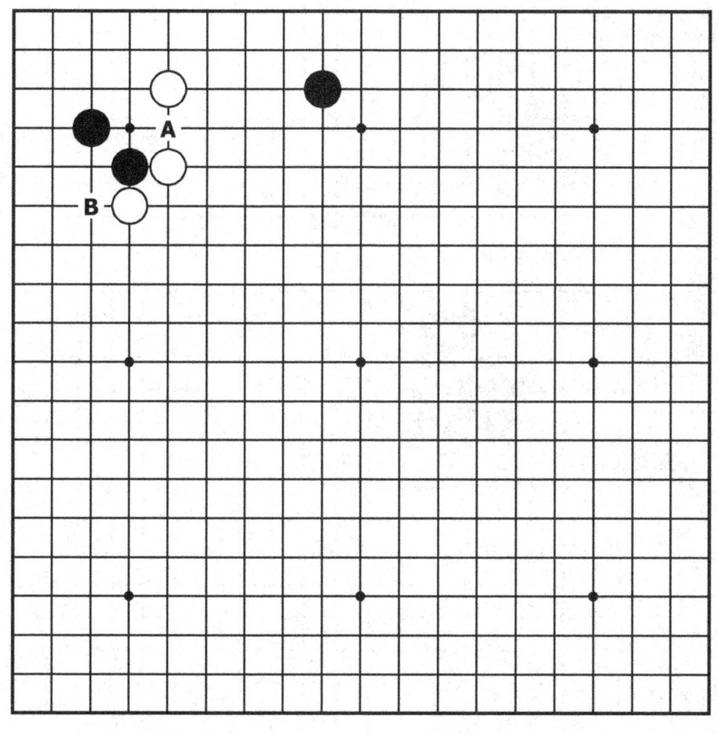

想一想，哪里是正确的选择？在正确选项后面的括号中画「√」。

A（　　）　B（　　）

正解

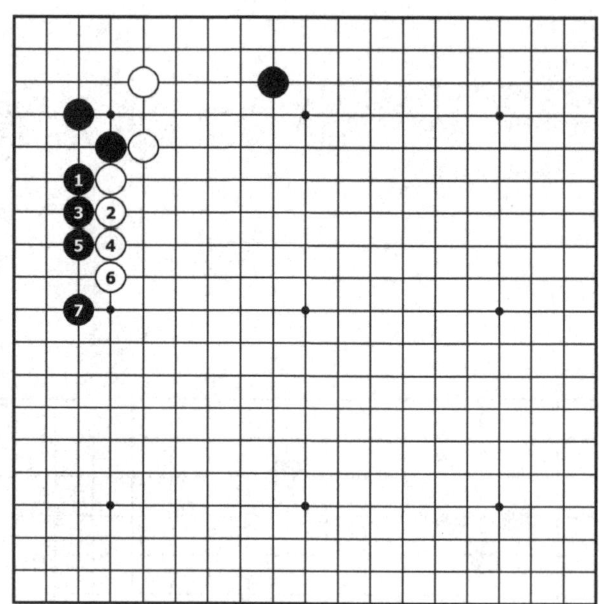

黑1选择正确。如此是定式的标准下法。

错解

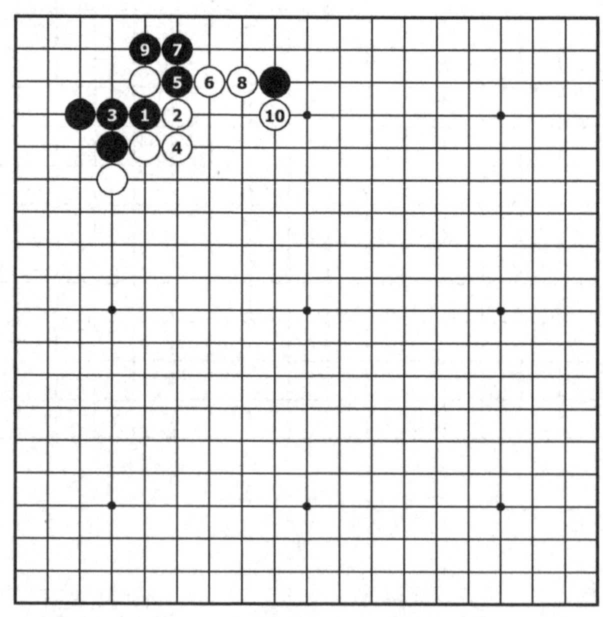

黑1选择错误。这里贪图小利并不明智。

58 第58题（黑先）

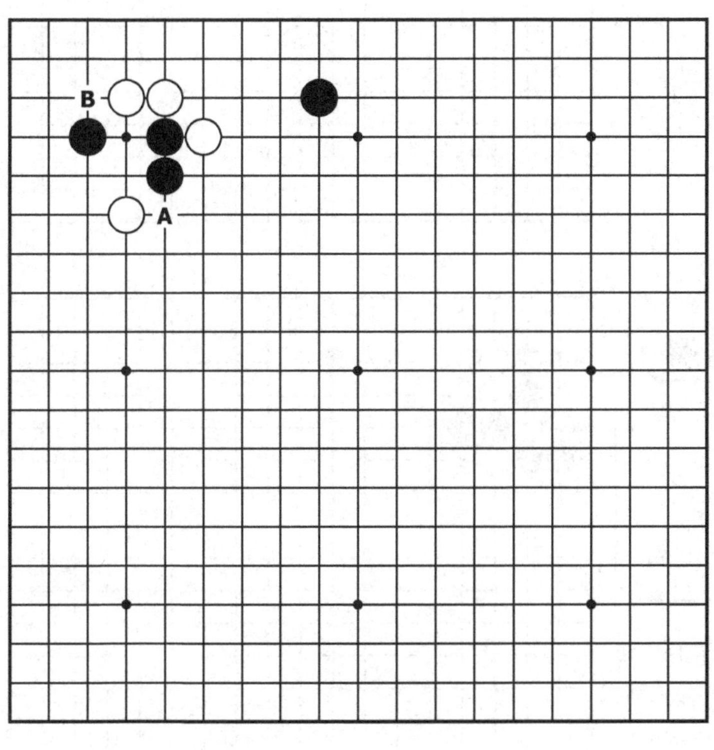

想一想，哪里是正确的选择？在正确选项后面的括号中画「√」。

A（　　）　B（　　）

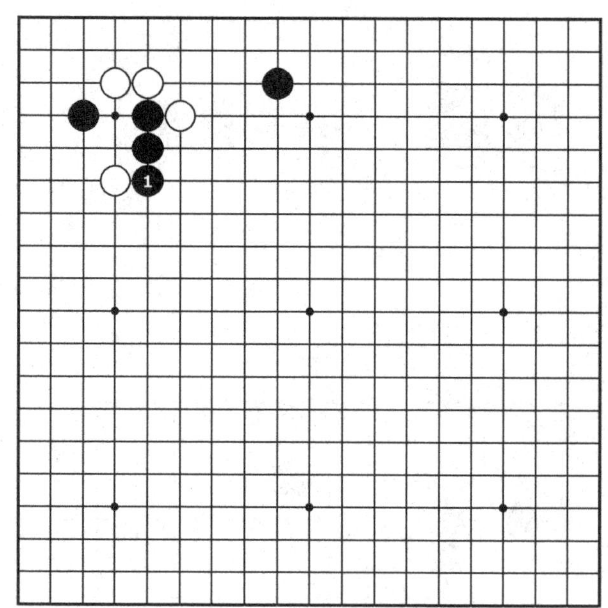

黑1选择正确。一子两用，是定式的标准下法。

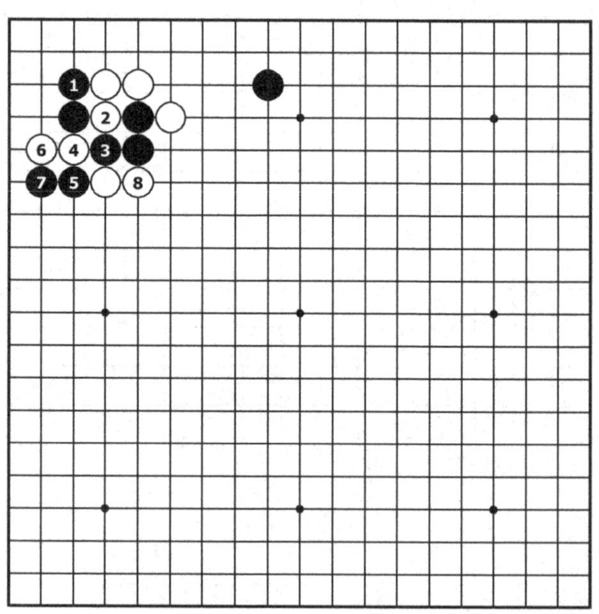

黑1选择错误。这里作战明显不利，白2冲断，如果黑棋征子不利将直接崩溃。

59 第59题（黑先）

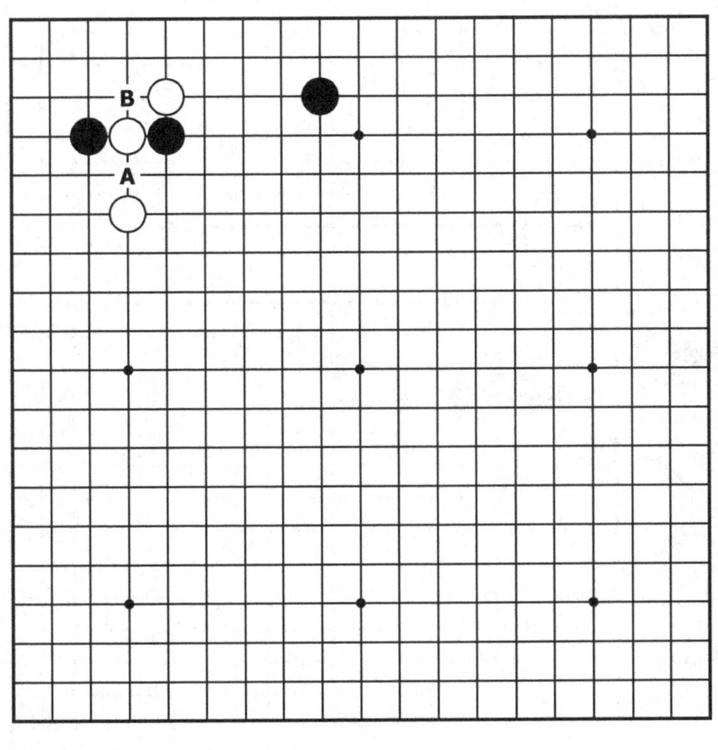

想一想，哪里是正确的选择？在正确选项后面的括号中画「√」。

A（　　）　B（　　）

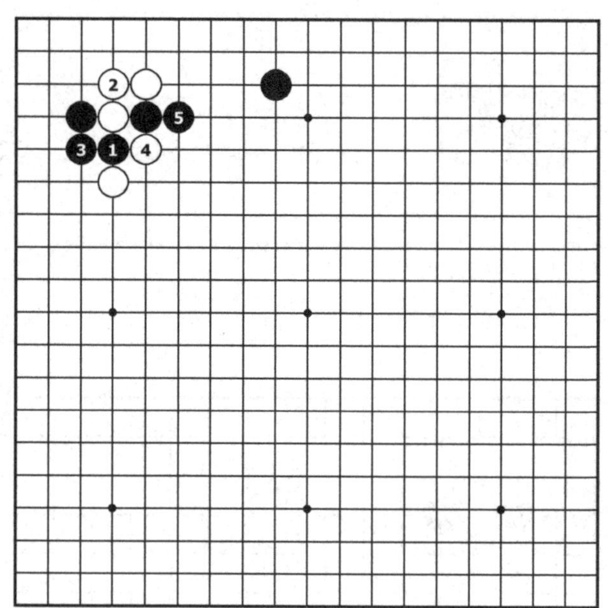

黑1选择正确。如此是定式的标准下法，接下来将形成激战。

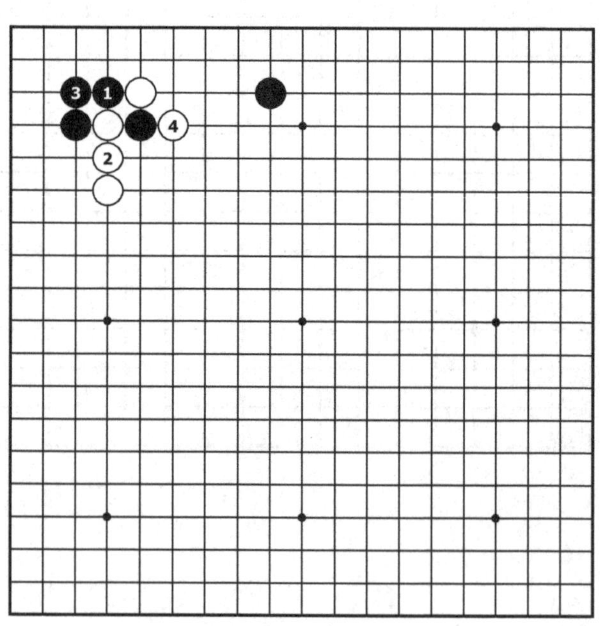

黑1选择错误。此处不是作战的地方。

60 第60题（黑先）

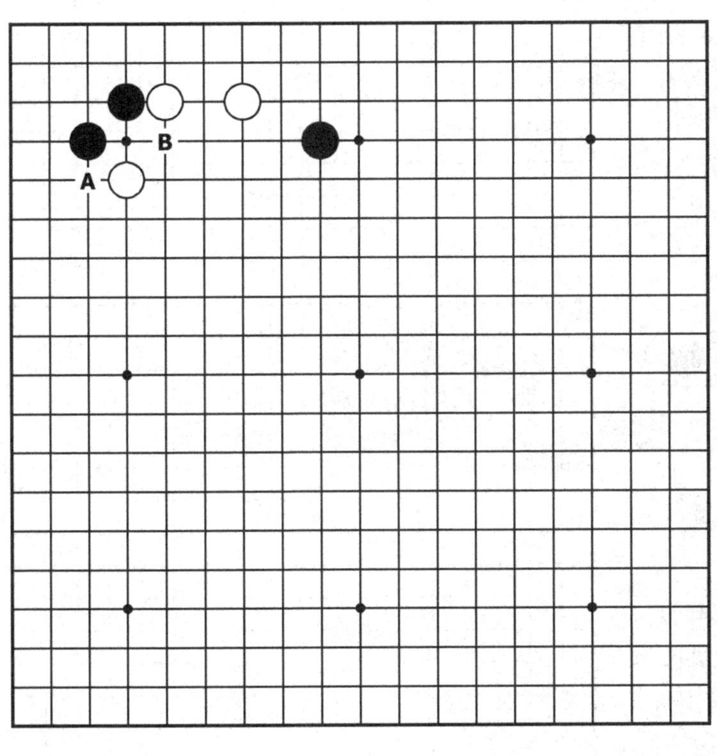

想一想，哪里是正确的选择？在正确选项后面的括号中画「√」。

A（　　）　B（　　）

正解

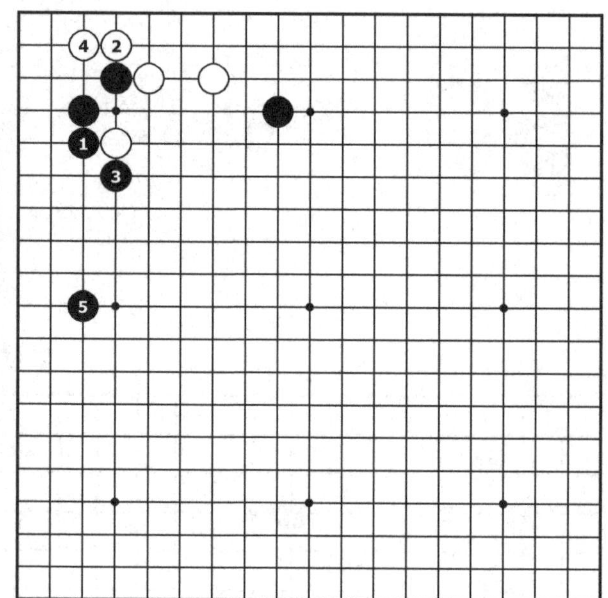

黑1选择正确。如此是定式的标准下法。

错解

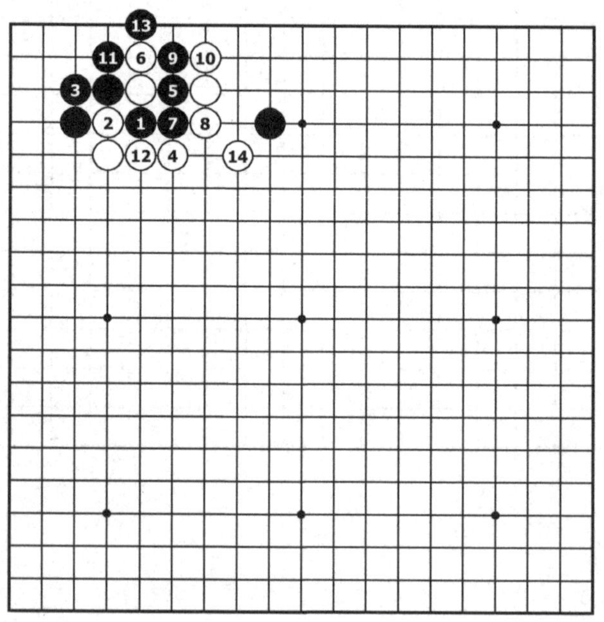

黑1选择错误。此处作战并不明智，白2以下弃子是好棋，黑失败。

第2章

星位定式

本章要学习的是“星位定式”。与小目相同，星位也是围棋中最常见的占角方式之一。星位定式相对来说要简单一些。有些变化是人工智能时代的新下法，初学者需要了解，以便于在实战中应用。

小贴士 星位定式的特点是简明。很容易形成一方取势，另一方取地的格局。思考的时候，要明确自己的选择方向。

第1题（黑先）

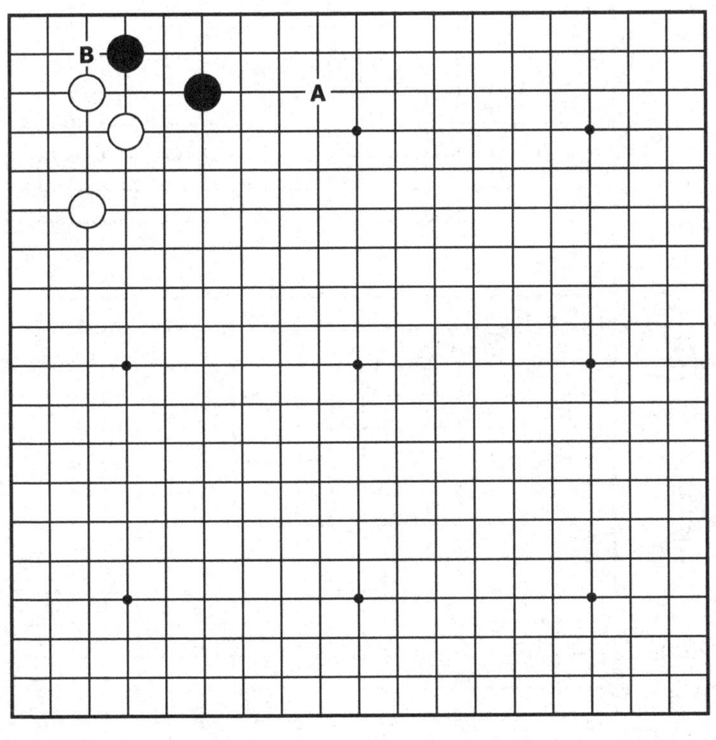

想一想，哪里是正确的选择？在正确选项后面的括号中画「√」。

A（　　）　B（　　）

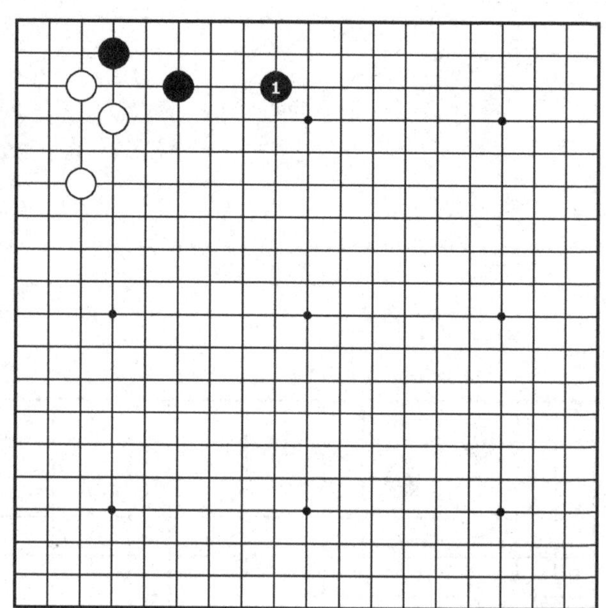

黑1选择正确。如此是定式的标准下法。

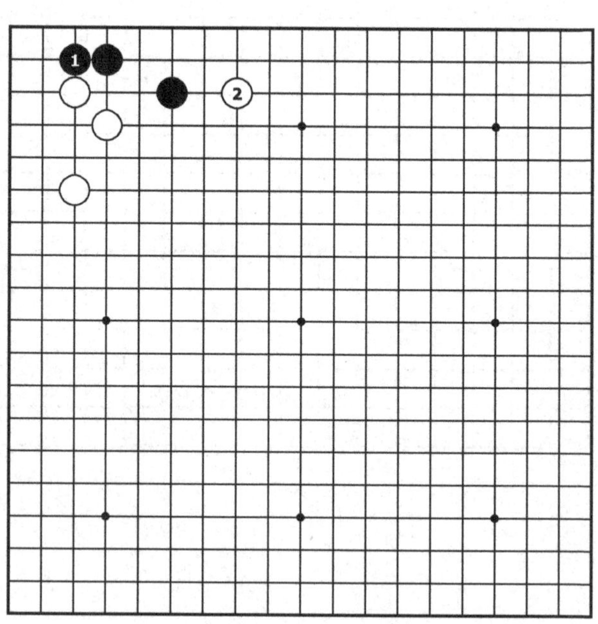

黑1选择错误。此处并非争夺的要点。白2后黑局部局促。

2 第2题（黑先）

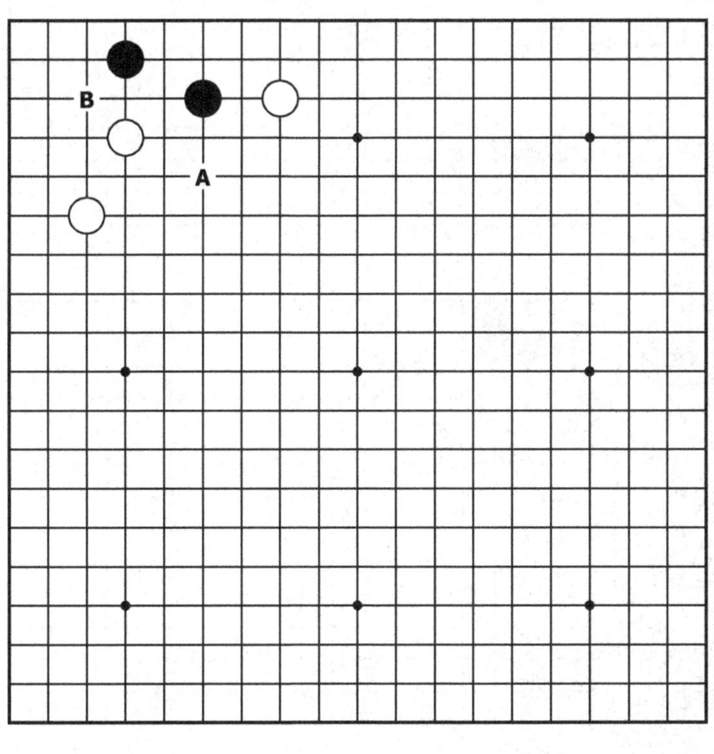

想一想，哪里是正确的选择？在正确选项后面的括号中画「√」。

A（　　）　B（　　）

正解

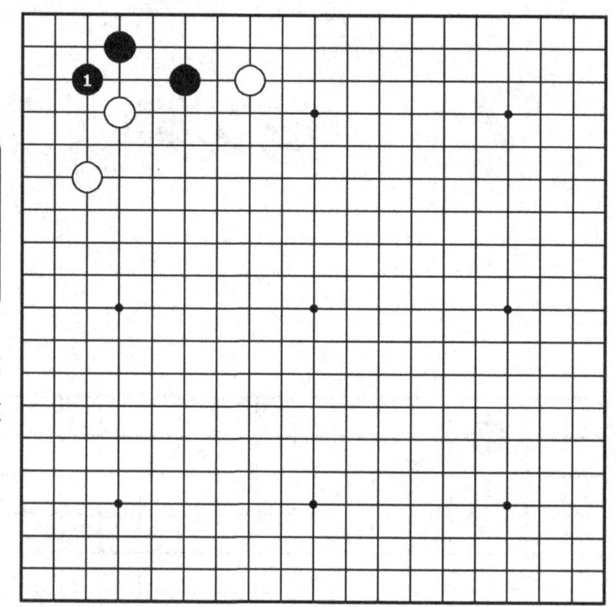

黑1选择正确。如此是定式的标准下法。

错解

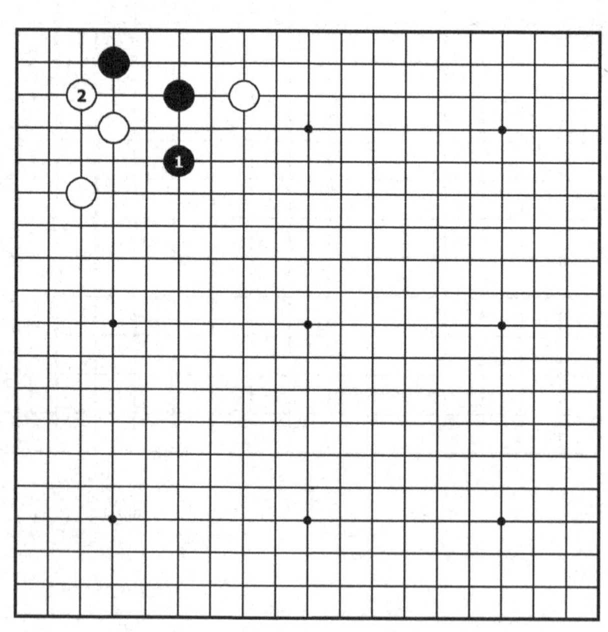

黑1选择错误。单纯逃跑绝非上策。

3 第3题（黑先）

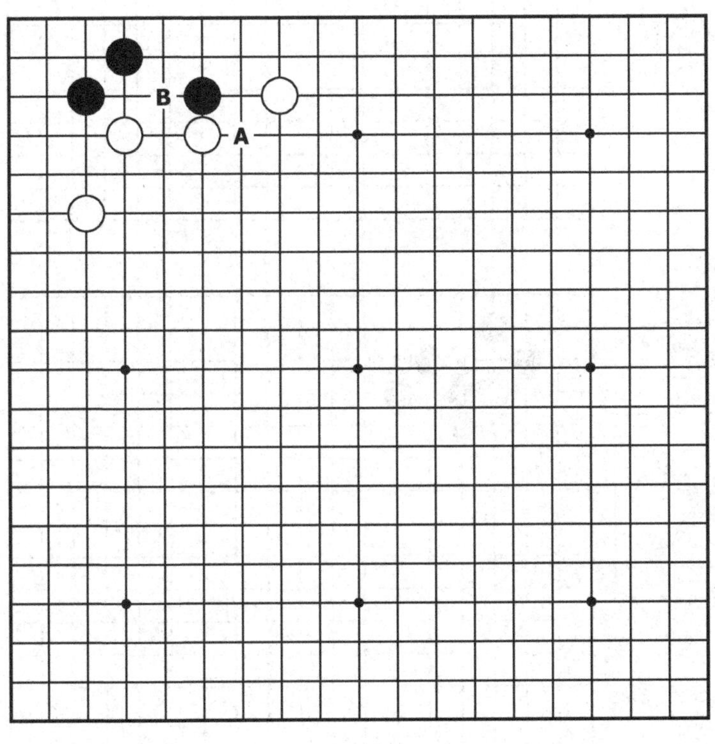

想一想，哪里是正确的选择？在正确选项后面的括号中画「√」。

A（　　）　B（　　）

正解

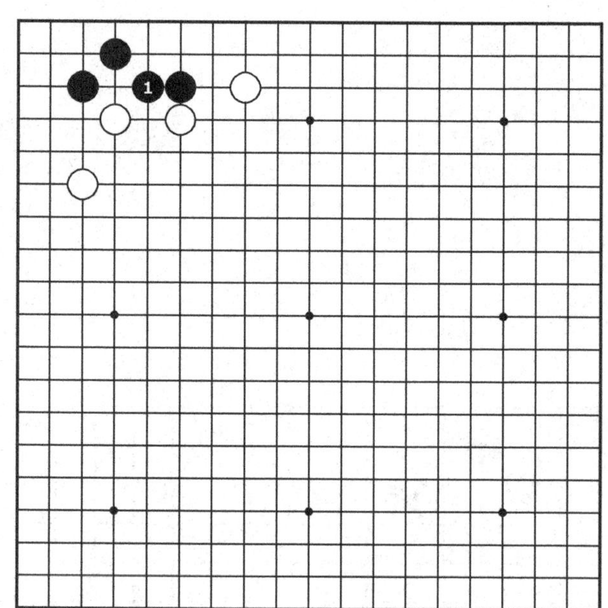

黑1选择正确。如此是定式的标准下法。

错解

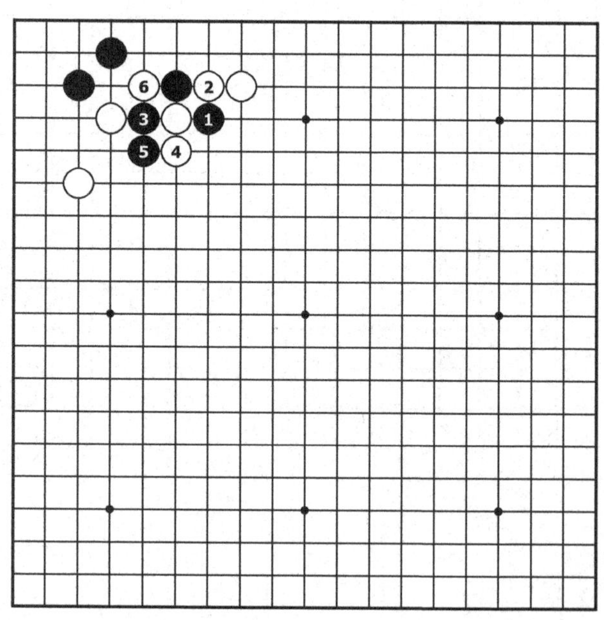

黑1选择错误。这里已经无法突破白棋的包围。

第4题（黑先）

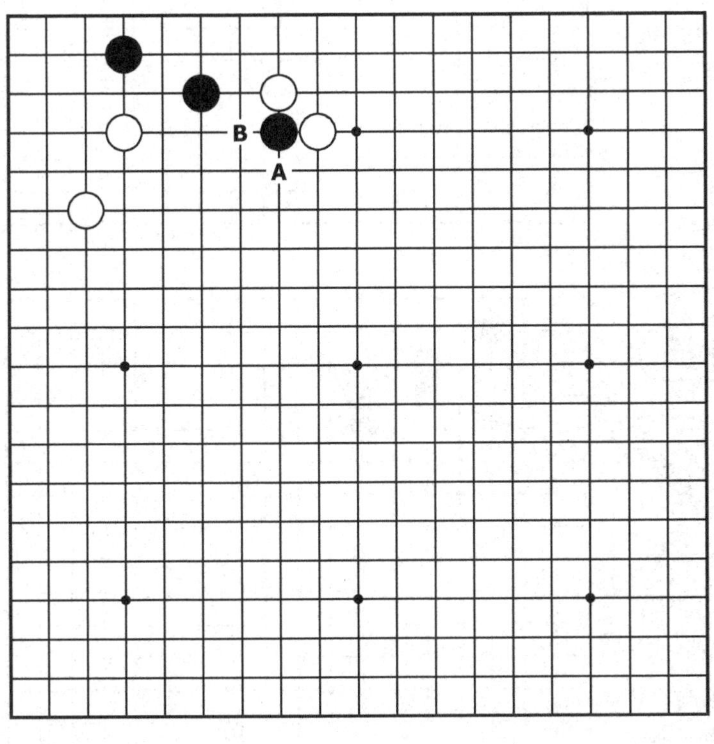

想一想，哪里是正确的选择？在正确选项后面的括号中画「√」。

A（　　）　B（　　）

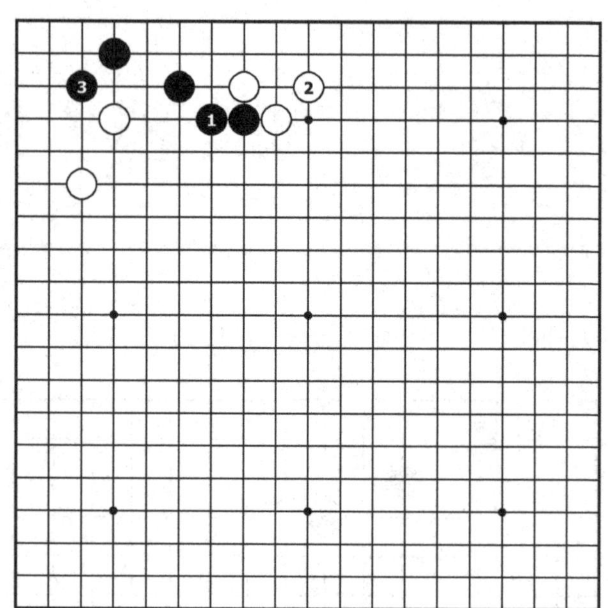

黑1选择正确。如此是定式的标准下法。

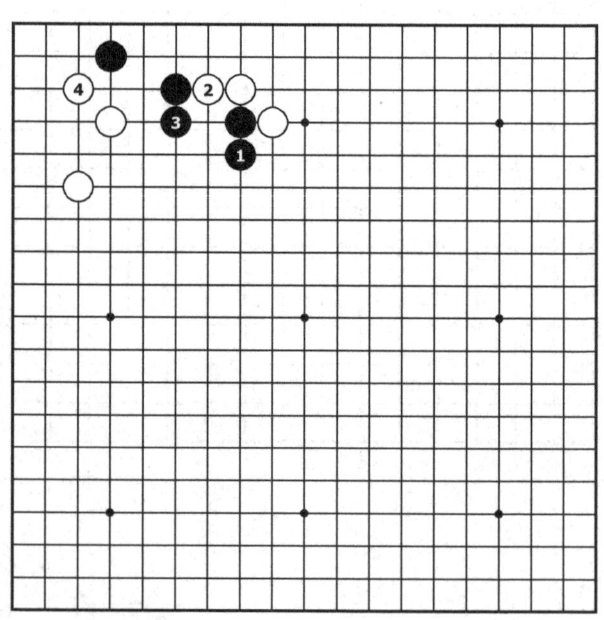

黑1选择错误。白2先手顶后于4位占角，黑无所获。

5Q 第5题（黑先）

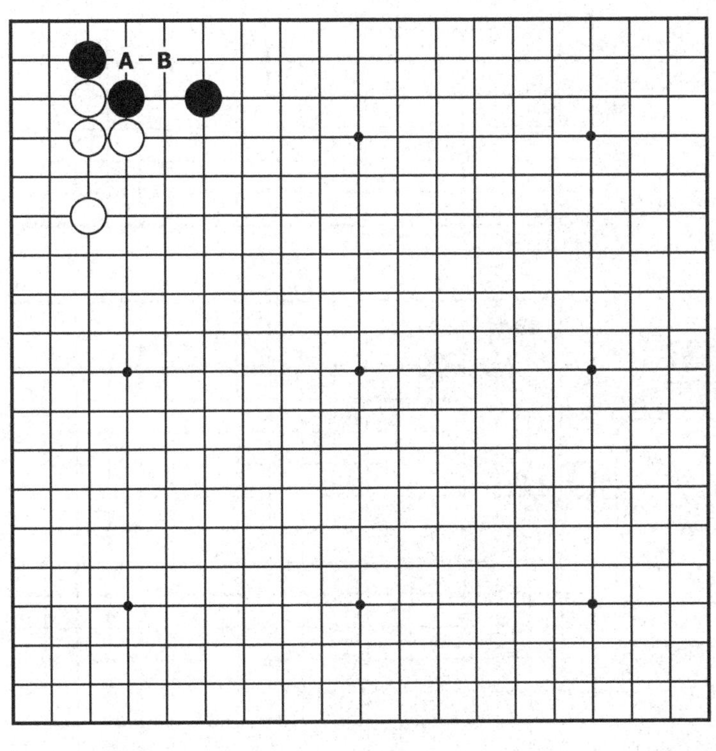

想一想，哪里是正确的选择？在正确选项后面的括号中画「√」。

A（　　） B（　　）

正解

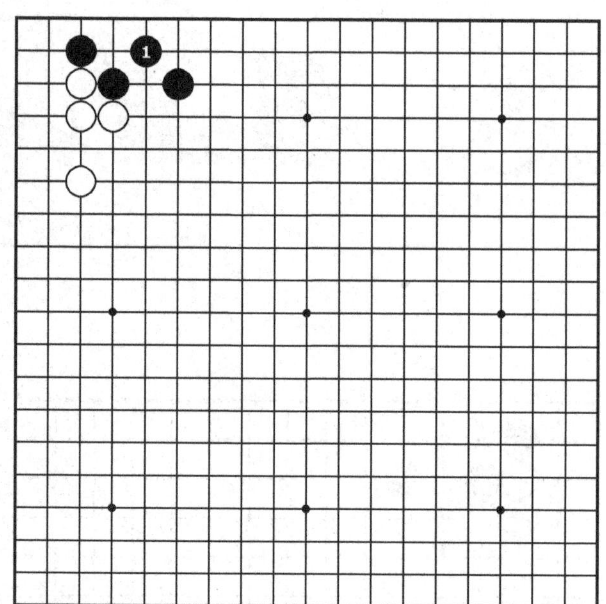

黑1选择正确。如此是定式的标准下法，棋形眼位丰富。

错解

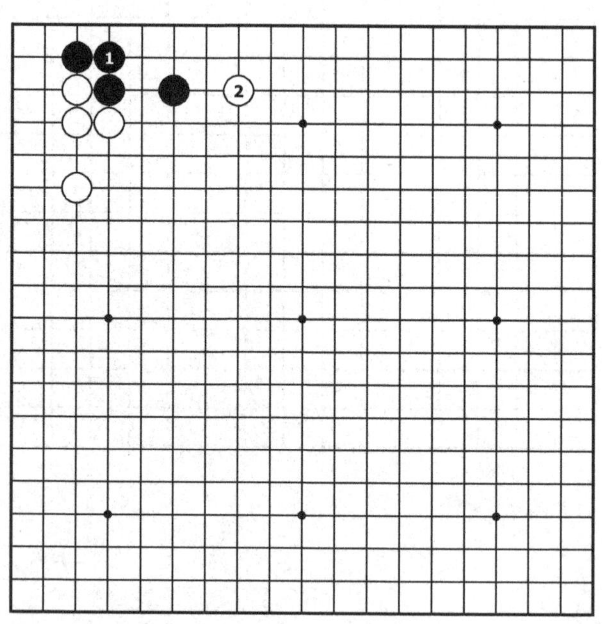

黑1选择错误。局部眼形不好，白2逼住后黑棋局促。

第6题（黑先）

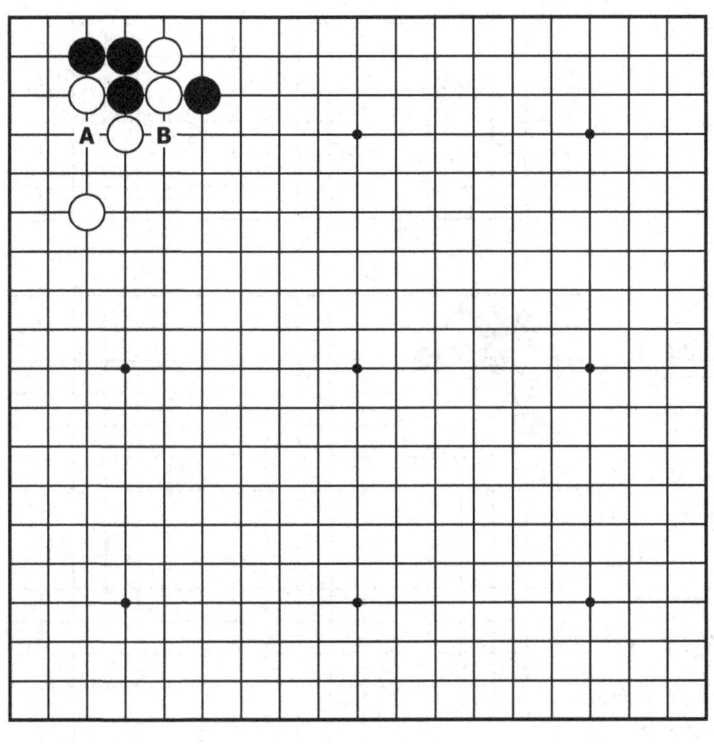

想一想，哪里是正确的选择？在正确选项后面的括号中画「√」。

A（　　）　B（　　）

正解

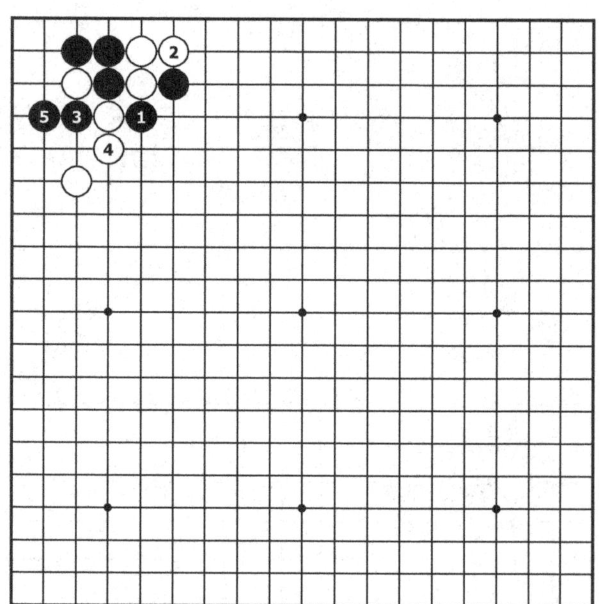

黑1选择正确。如此是定式的标准下法，接下来将形成激战。

错解

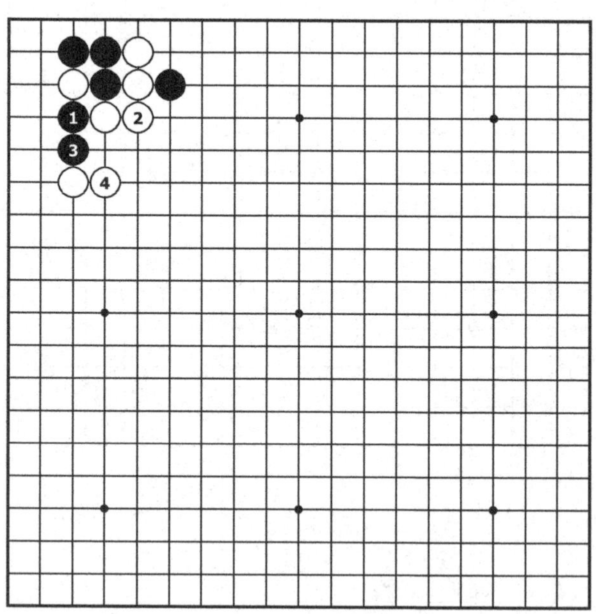

黑1选择错误。白2接住后局部棋形完整，黑棋失败。

7 第7题（黑先）

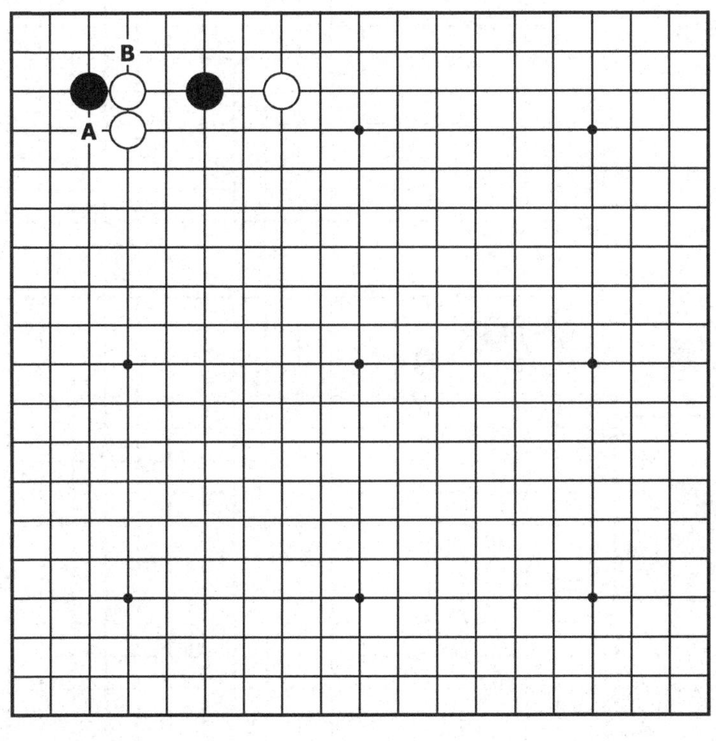

想一想，哪里是正确的选择？在正确选项后面的括号中画「√」。

A（　　）　B（　　）

正解

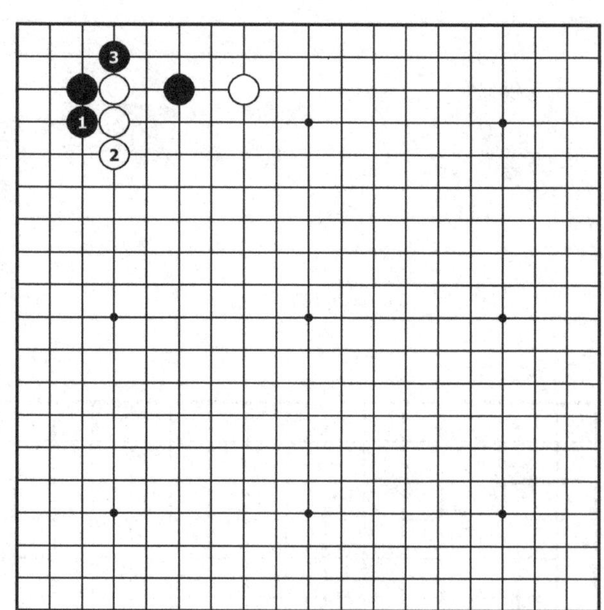

黑1选择正确。如此是定式的标准下法。

错解

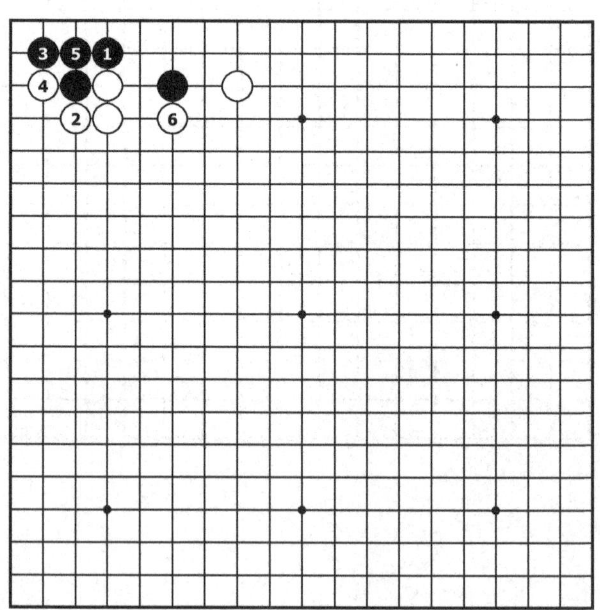

黑1选择错误。白2机智，如此黑棋被封锁在角里，不能满意。

8 第8题（黑先）

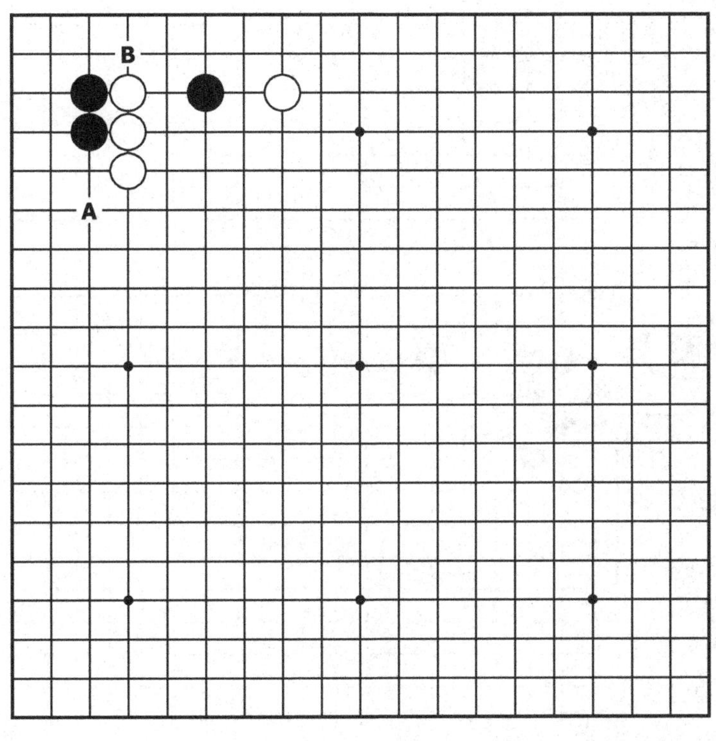

想一想，哪里是正确的选择？在正确选项后面的括号中画「√」。

A（　　）　B（　　）

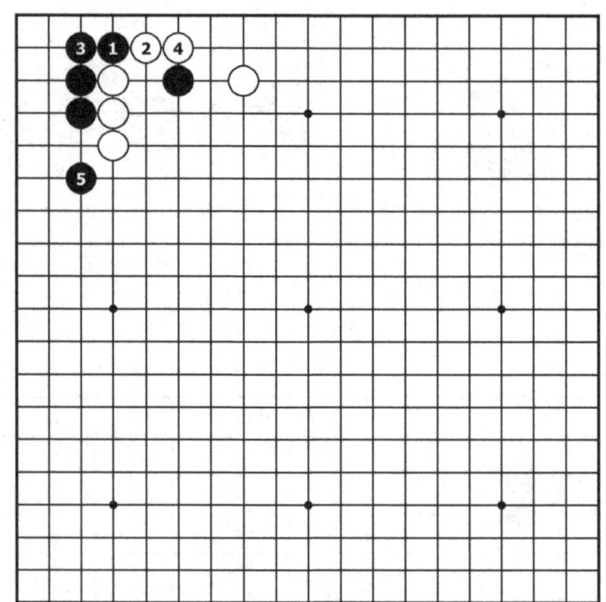

黑1选择正确。如此是定式的标准下法。

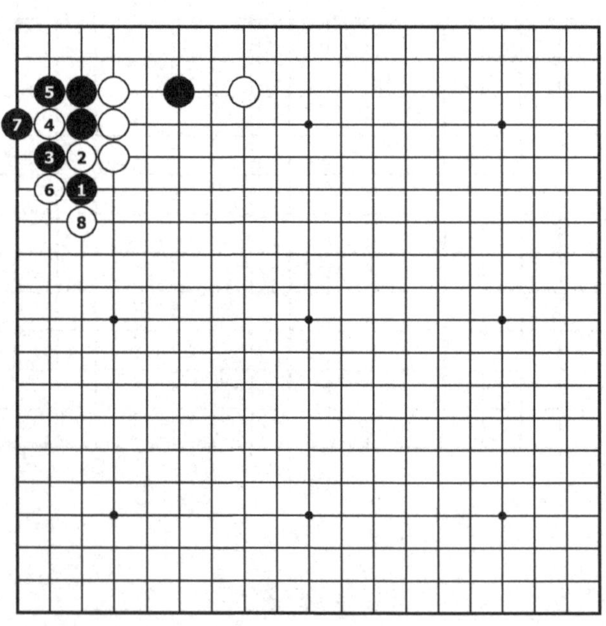

黑1选择错误。白2以下冲断机敏，黑棋无法两全。

9 第9题（黑先）

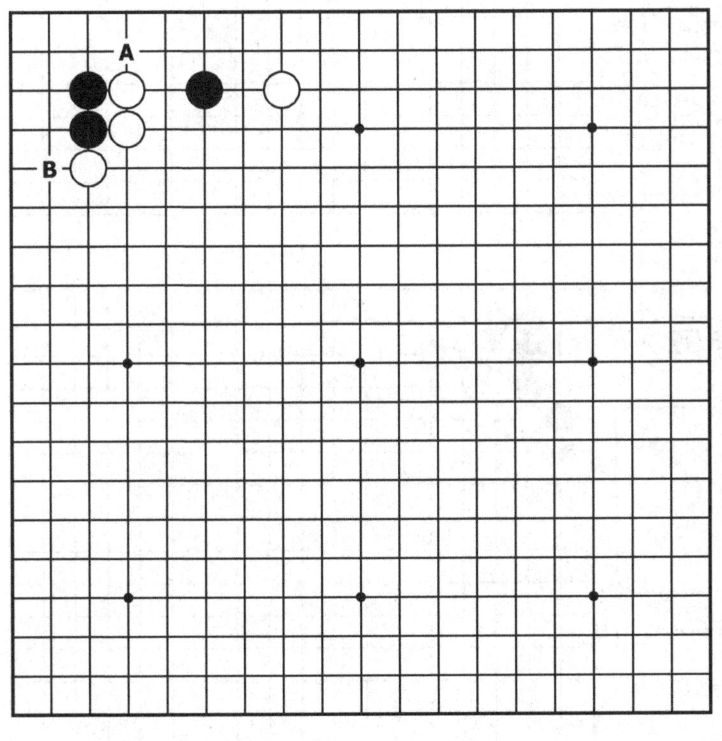

想一想，哪里是正确的选择？在正确选项后面的括号中画「√」。

A（　　）　B（　　）

正解

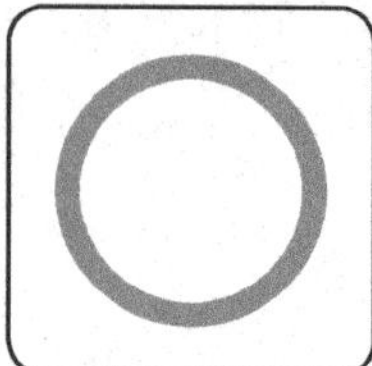

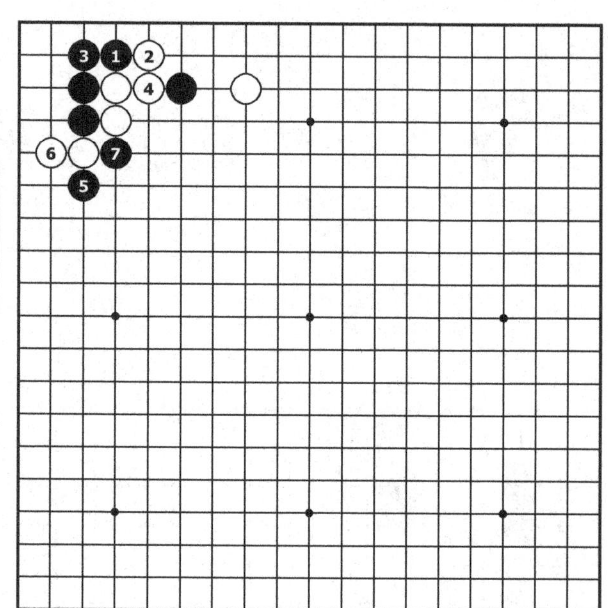

黑1选择正确。如此可以破解白棋的骗招。

错解

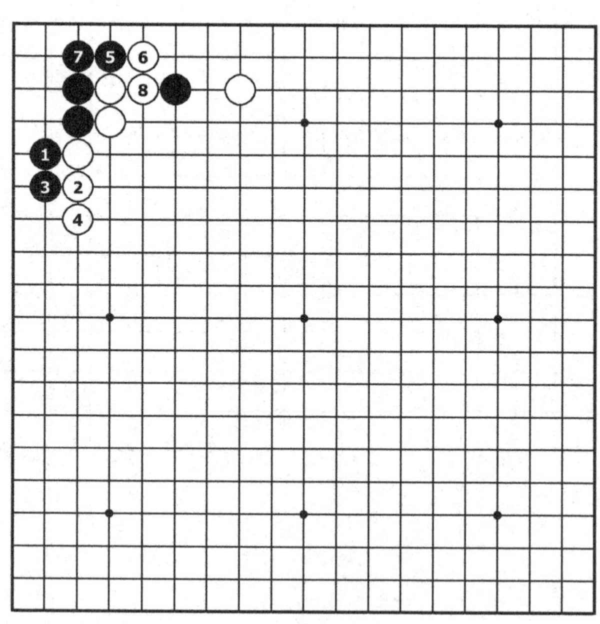

黑1选择错误。如此太过软弱，白棋满意。

10 第10题（黑先）

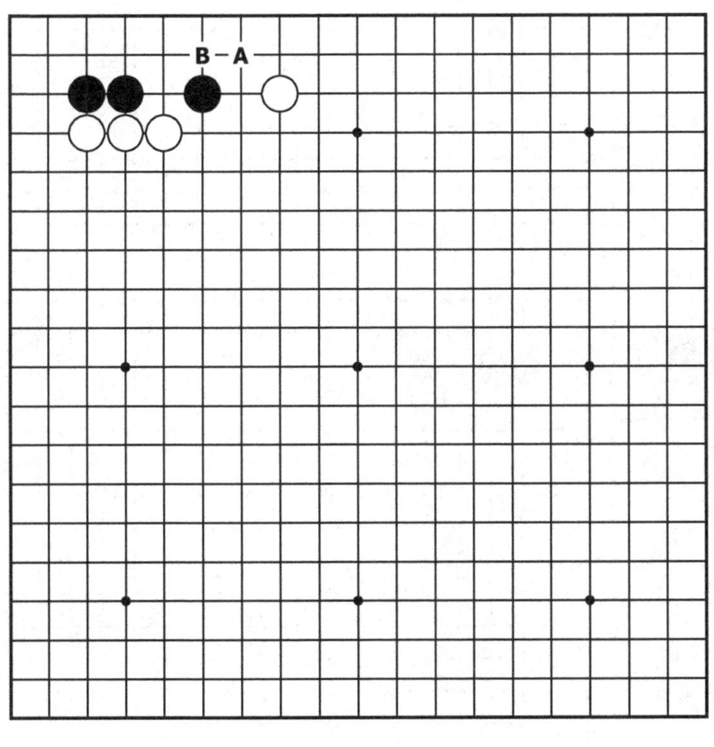

想一想，哪里是正确的选择？在正确选项后面的括号中画「√」。

A（　　）　B（　　）

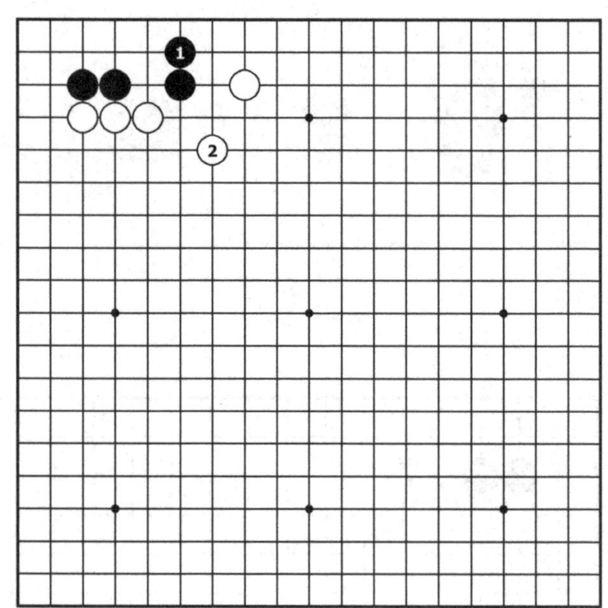

黑1选择正确。如此是定式的标准下法。

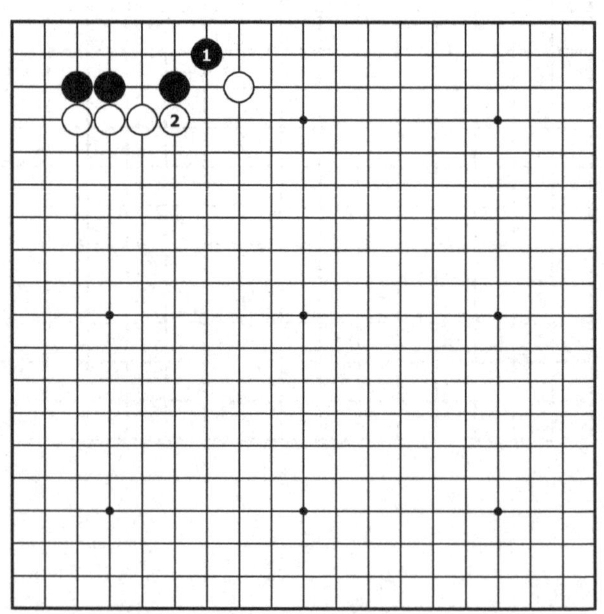

黑1选择错误。白2压住后棋形太过完整，黑棋不能满意。

第11题（黑先）

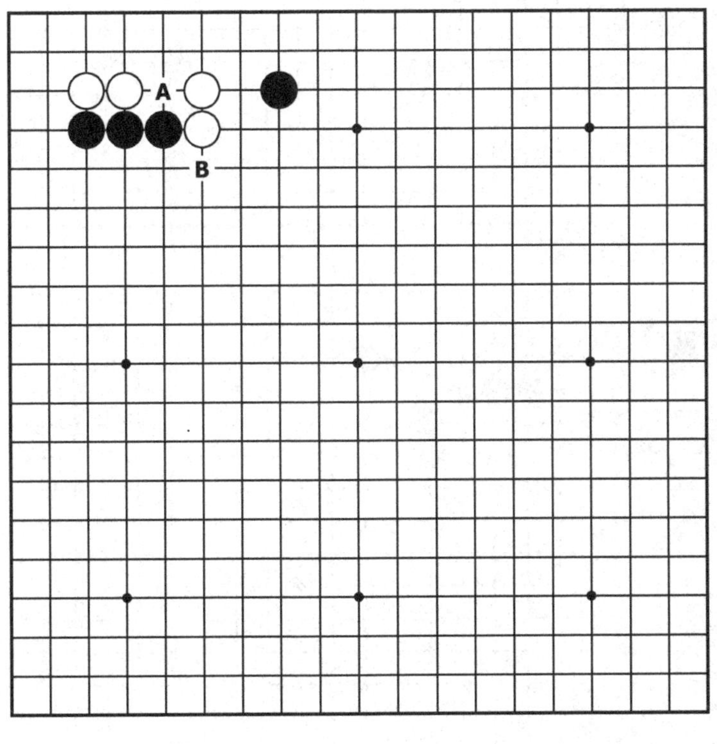

想一想，哪里是正确的选择？在正确选项后面的括号中画「√」。

A（　　）　B（　　）

正解

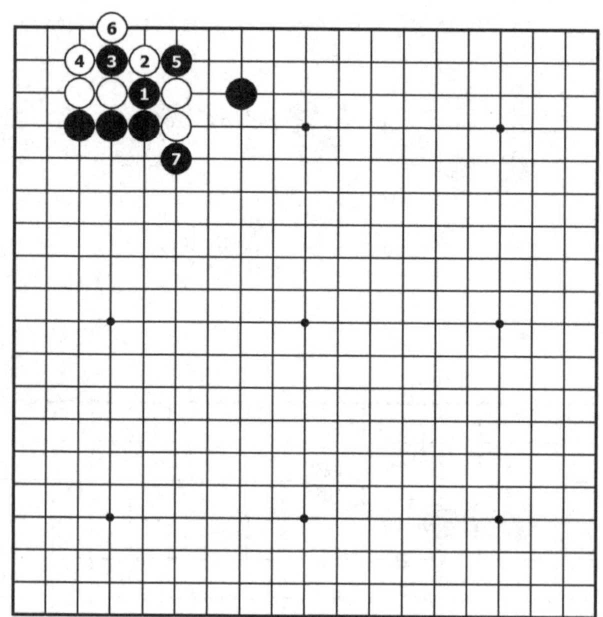

黑1选择正确。如此是定式的标准下法。

错解

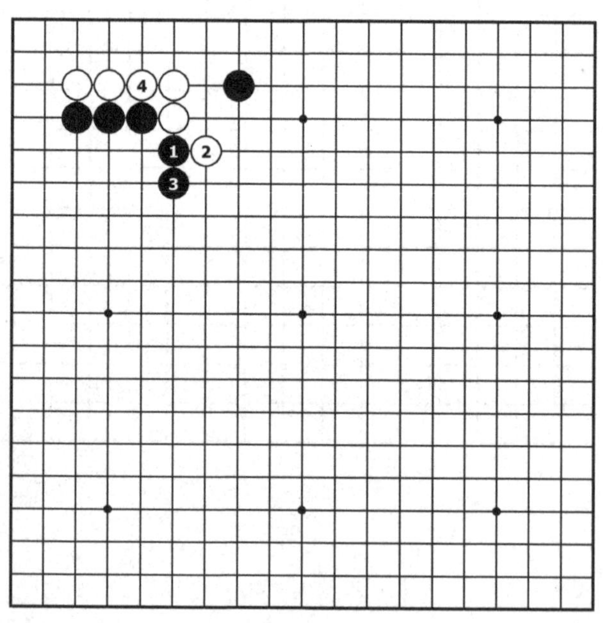

黑1选择错误。跟着白棋下，显然中计。白2先手扳后于4位接突破黑棋封锁，黑失败。

12 第12题（黑先）

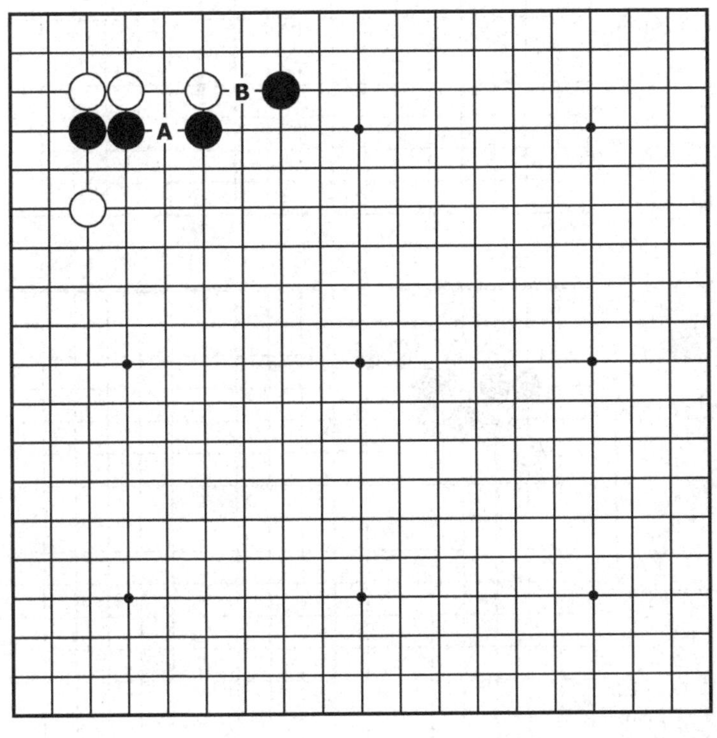

想一想，哪里是正确的选择？在正确选项后面的括号中画「√」。

A（　　）　B（　　）

正解

黑1选择正确。如此是定式的标准下法。

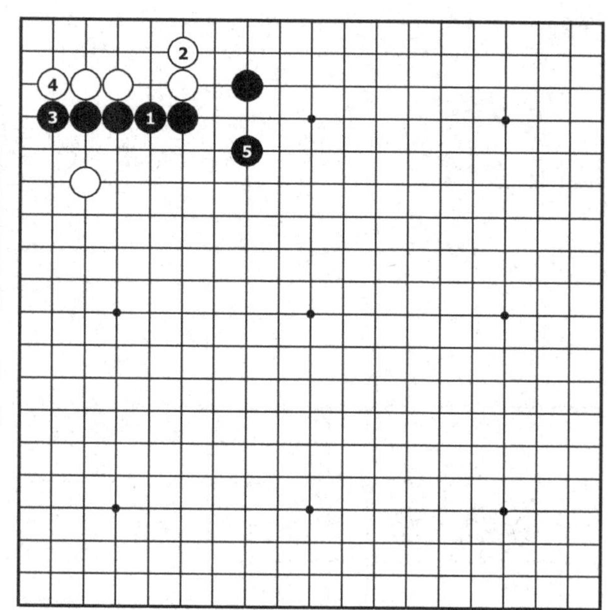

错解

黑1选择错误。此处不是要点，白2挖粘后黑棋棋形崩溃。

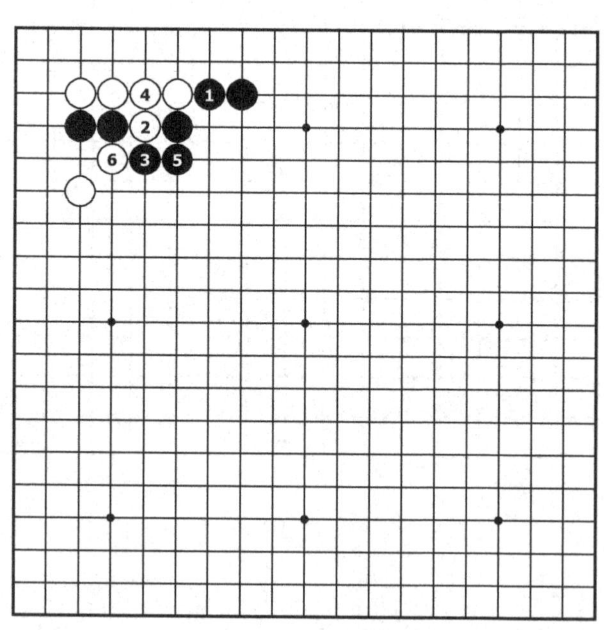

13 第13题（黑先）

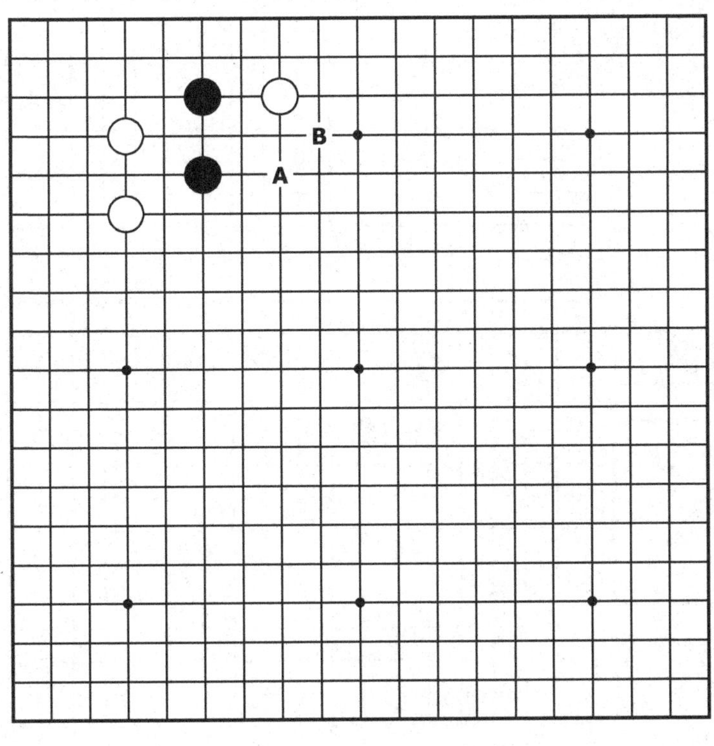

想一想，哪里是正确的选择？在正确选项后面的括号中画「√」。

A（　　）　B（　　）

正解

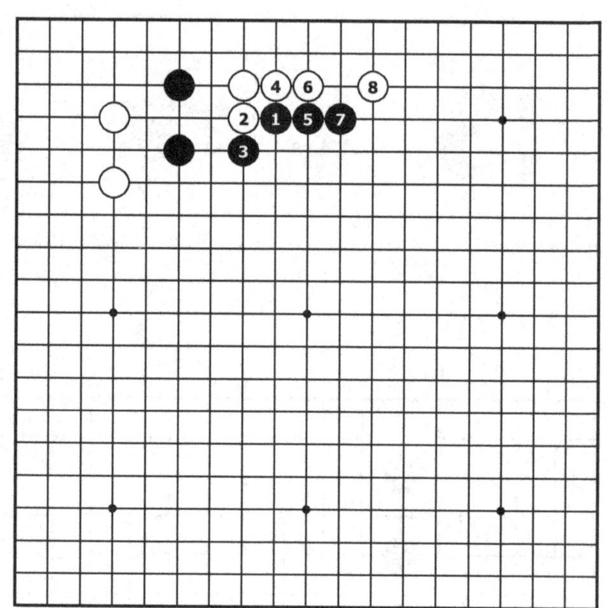

黑1选择正确。如此是定式的标准下法。

错解

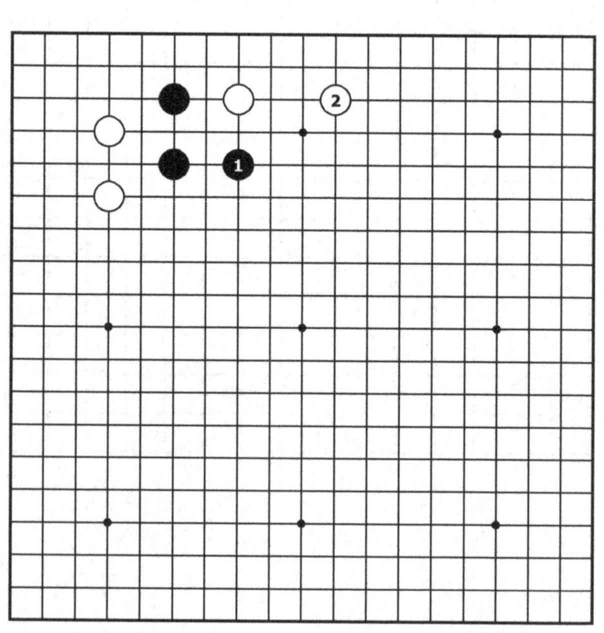

黑1选择错误。没有对白棋造成威胁，白2拆二后黑棋一无所获。

14 第14题（黑先）

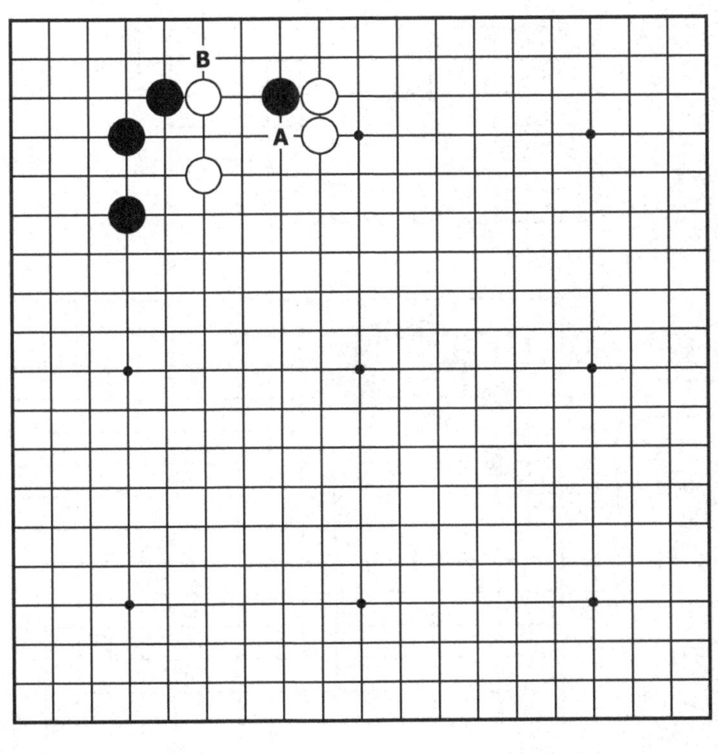

想一想，哪里是正确的选择？在正确选项后面的括号中画「√」。

A（ ） B（ ）

正解

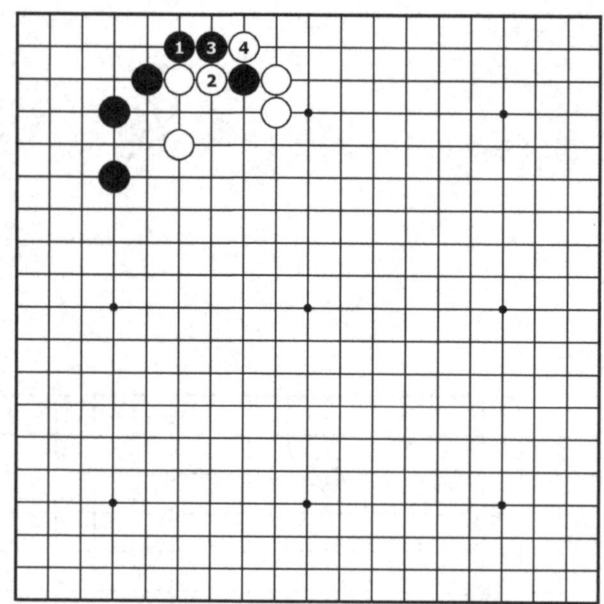

黑1选择正确。如此是定式的标准下法。

错解

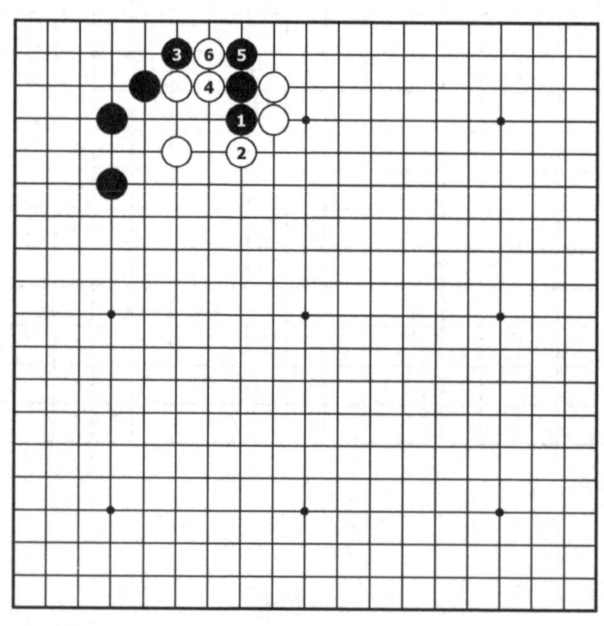

黑1选择错误。这里作战明显不利，如此将陷入被动。

15 第15题（黑先）

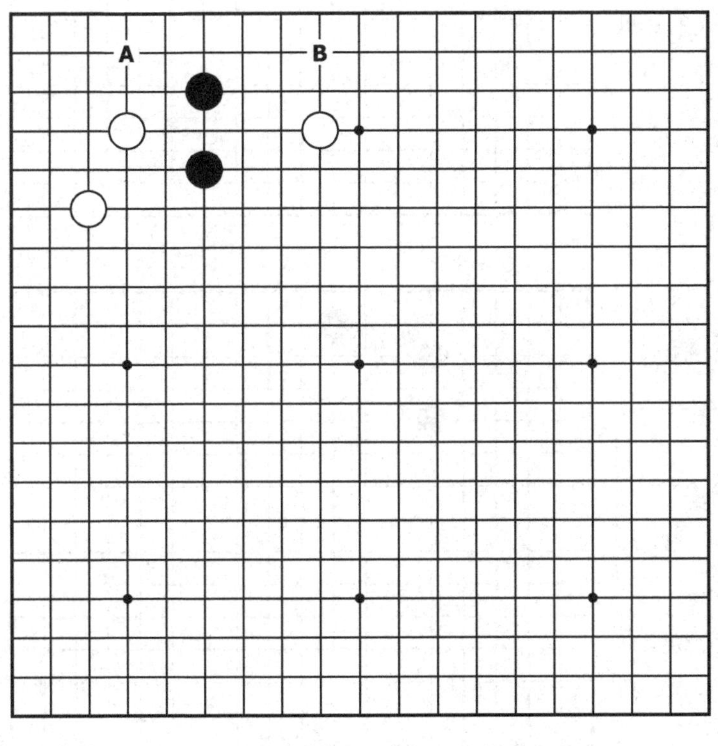

想一想，哪里是正确的选择？在正确选项后面的括号中画「√」。

A（　　）　B（　　）

正解

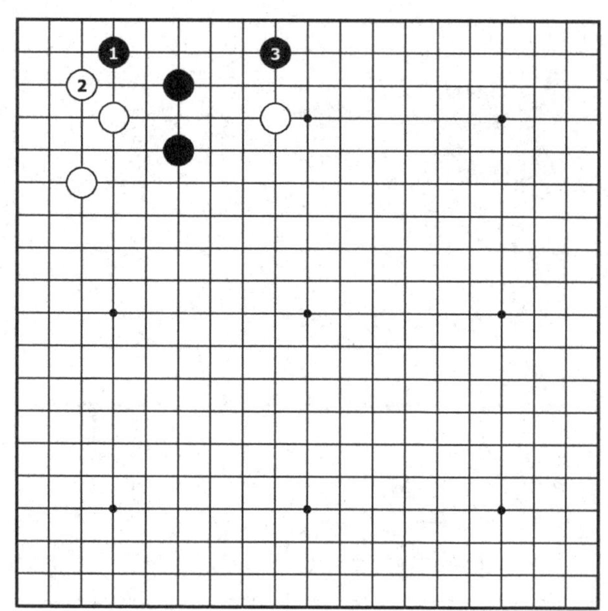

黑1选择正确。如此是定式的标准下法。

错解

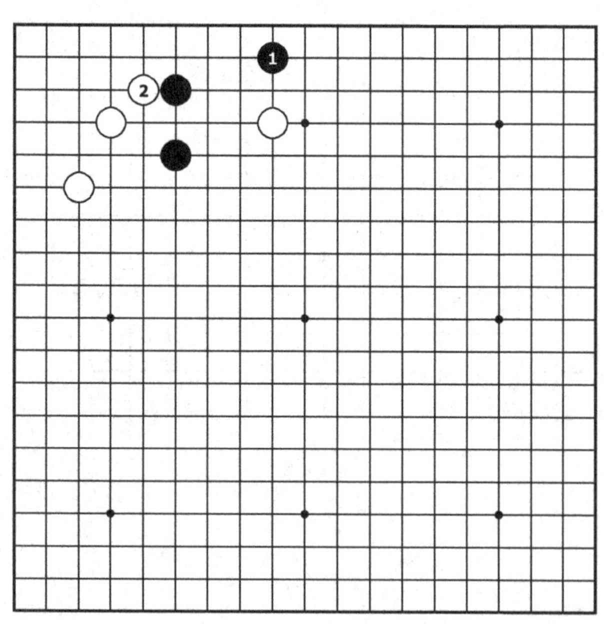

黑1选择错误。此处次序有误，白2尖顶后黑棋太难受。

16 第16题（黑先）

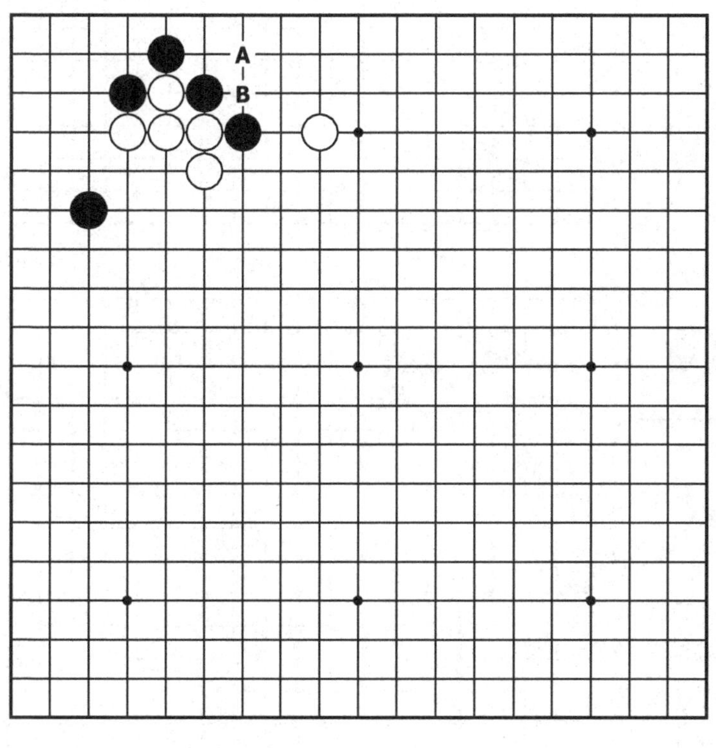

想一想，哪里是正确的选择？在正确选项后面的括号中画「√」。

A（　　）　B（　　）

正解

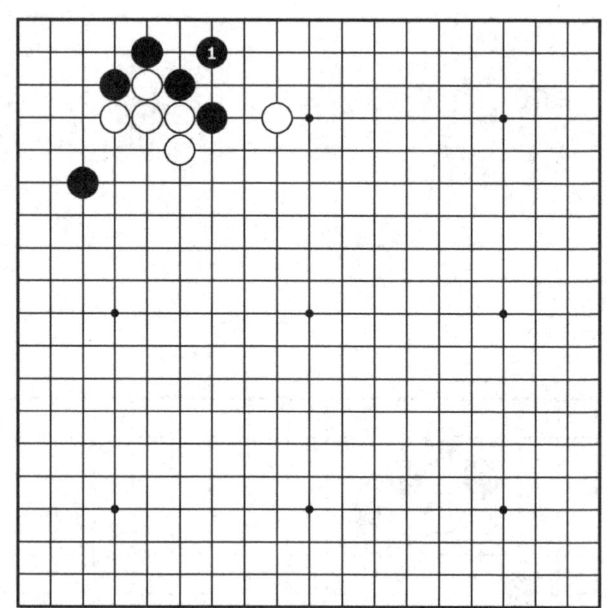

黑1选择正确。如此是定式的标准下法。

错解

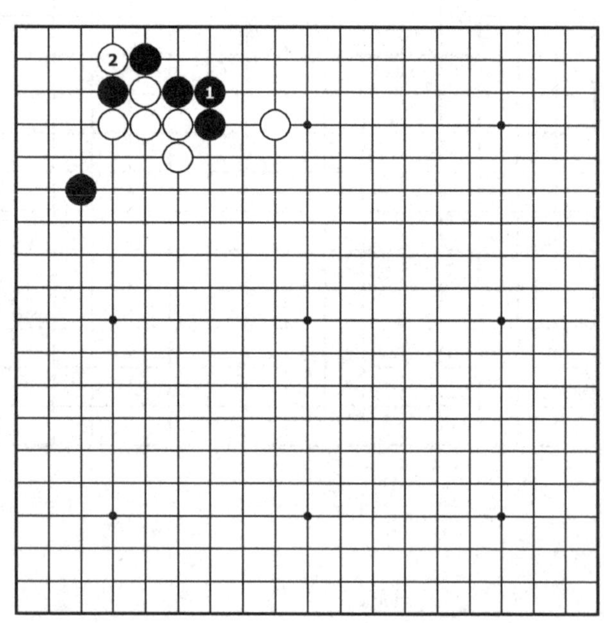

黑1选择错误。白2断吃后黑棋局部棋形崩溃。

17 第17题（黑先）

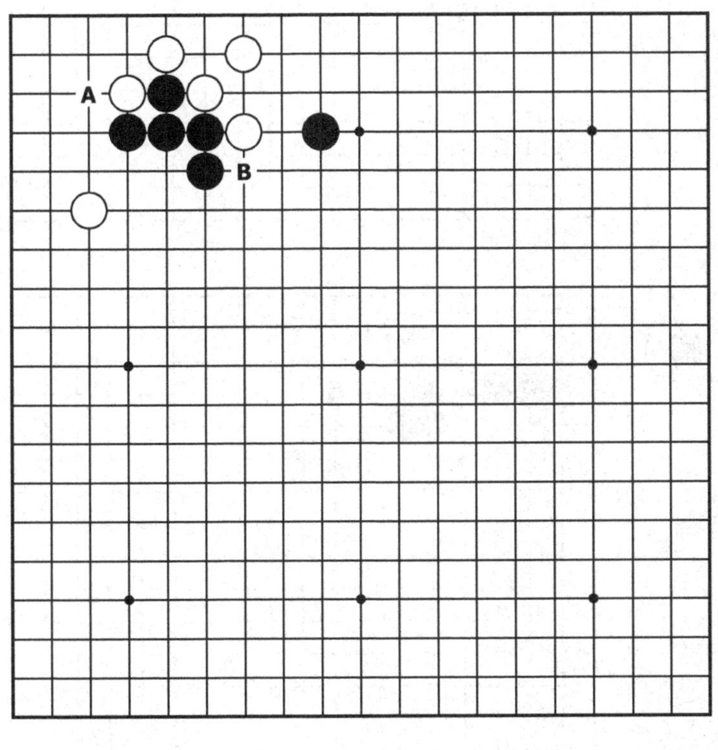

想一想，哪里是正确的选择？在正确选项后面的括号中画「√」。

A（　　）　B（　　）

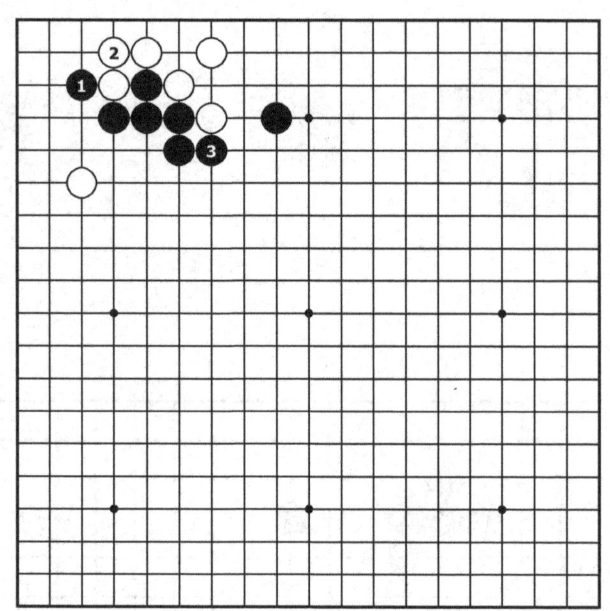

黑1选择正确。如此是定式的标准下法。

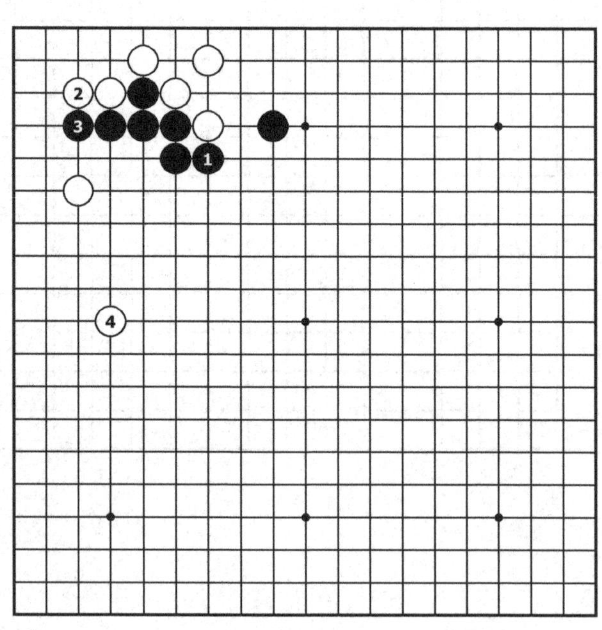

黑1选择错误。次序有误。白2先手长，黑损失惨重。

18 第18题（黑先）

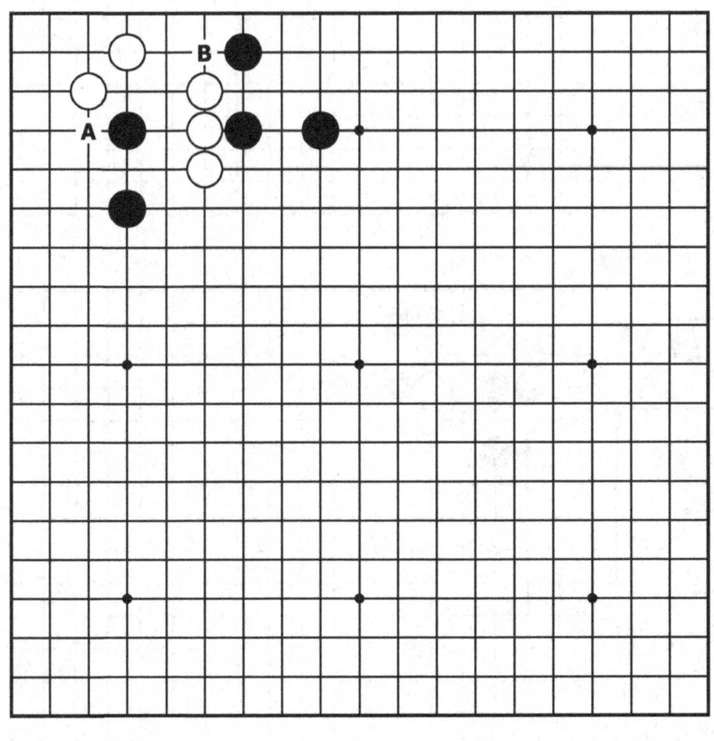

想一想，哪里是正确的选择？在正确选项后面的括号中画「√」。

A（　　）　B（　　）

正解

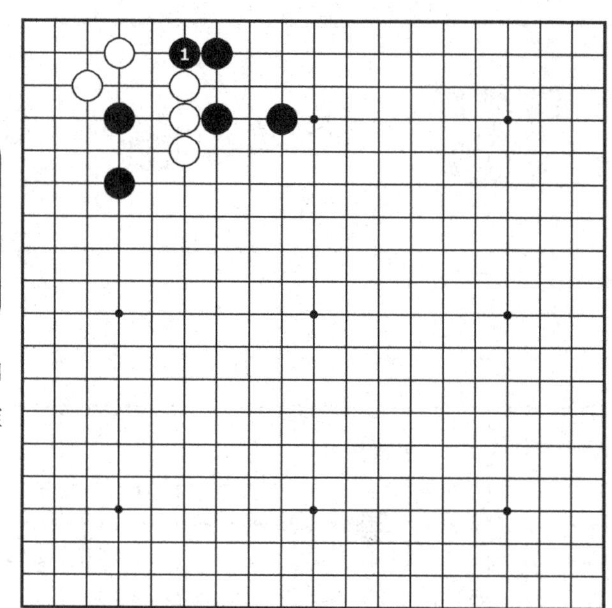

黑1选择正确。如此是定式的标准下法。

错解

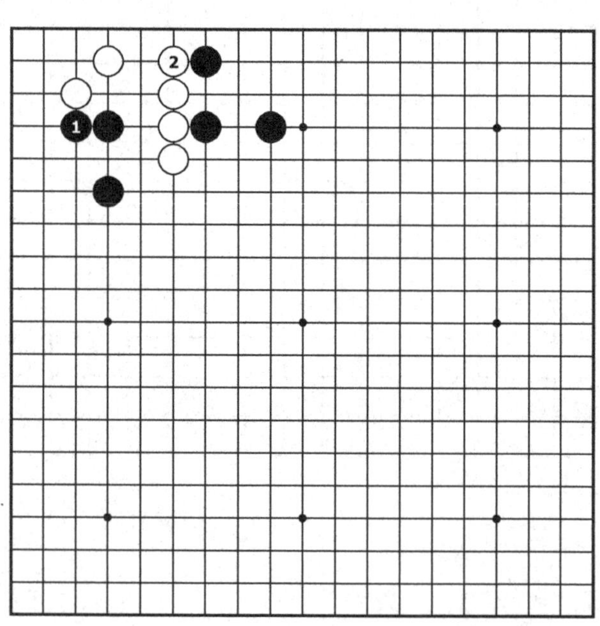

黑1选择错误。白2挡住后棋形完整，黑棋没有达到目的。

19 第19题（黑先）

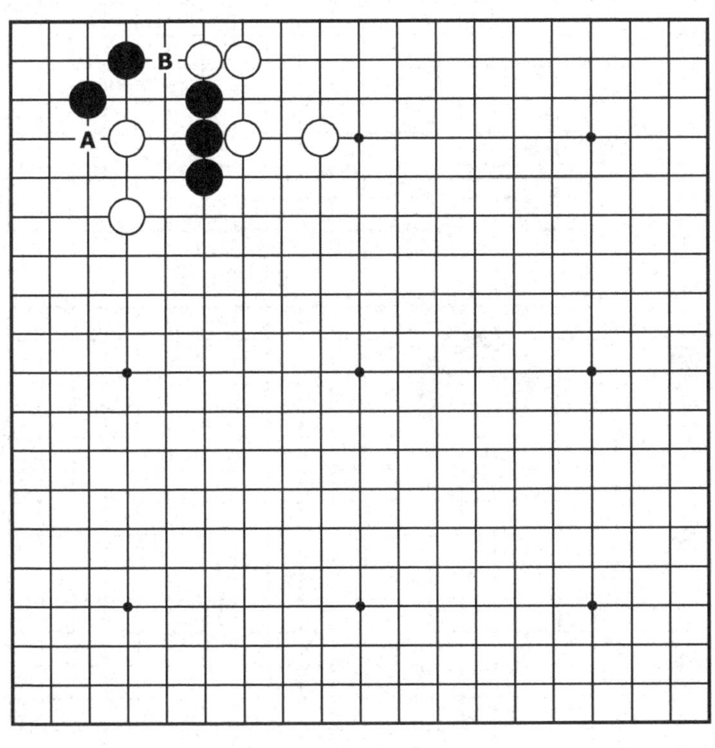

想一想，哪里是正确的选择？在正确选项后面的括号中画「√」。

A（　　）　B（　　）

正解

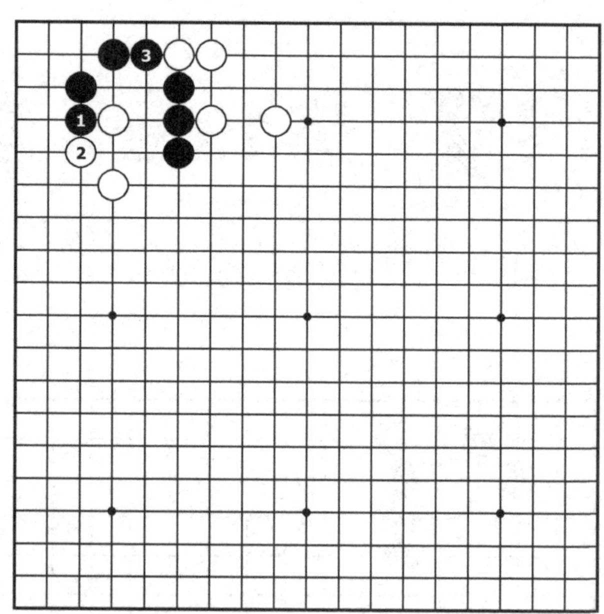

黑1选择正确。如此是定式的标准下法。

错解

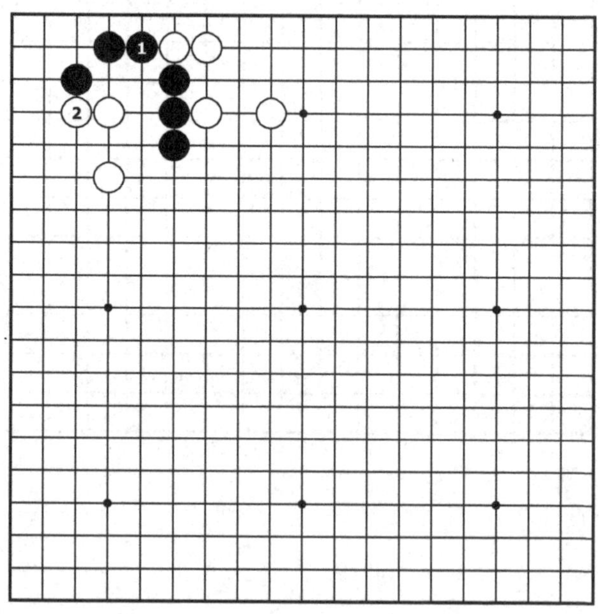

黑1选择错误。白2挡住后黑棋不仅眼位不足，还留有断点，局部大亏。

20 第20题（黑先）

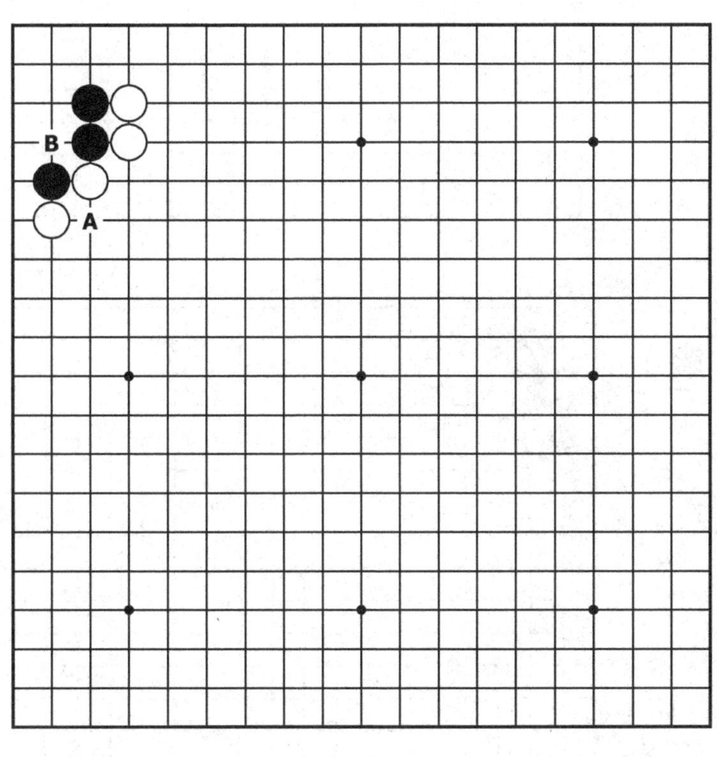

想一想，哪里是正确的选择？在正确选项后面的括号中画「√」。

A（　　）　B（　　）

正解

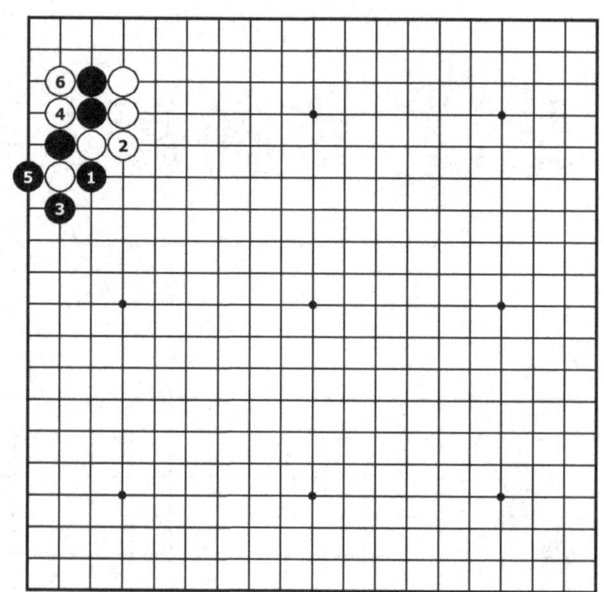

黑1选择正确。如此是定式的标准下法。

错解

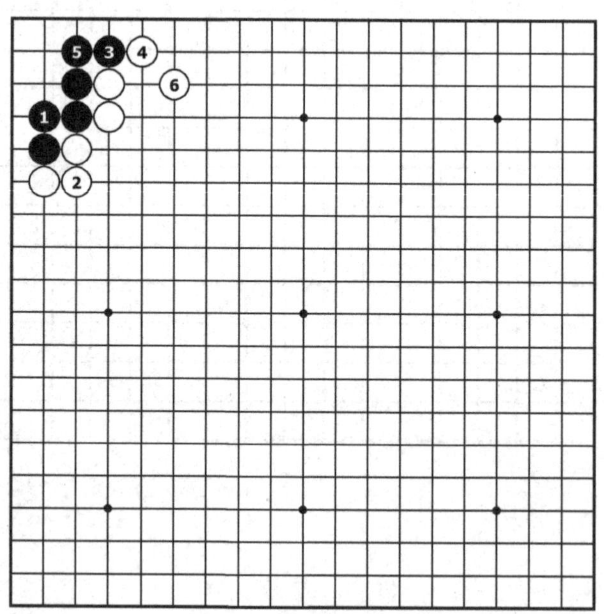

黑1选择错误。此时必须反击，忍辱负重不能考虑。

第3章

三三、目外、高目定式

本章要学习的是一些非常规占角后的定式。三三、目外、高目，在近代高手的对局中并不常见，但了解这些定式对中级水平的读者是非常必要的。熟悉这些之后，可以在实战中运用，打对方一个措手不及。

小贴士 本章中的定式，其实并不复杂，只是不太常见。读者可以用自己的想法来试着思考，是否正确并不重要，重要的是思考的过程。

第1题（黑先）

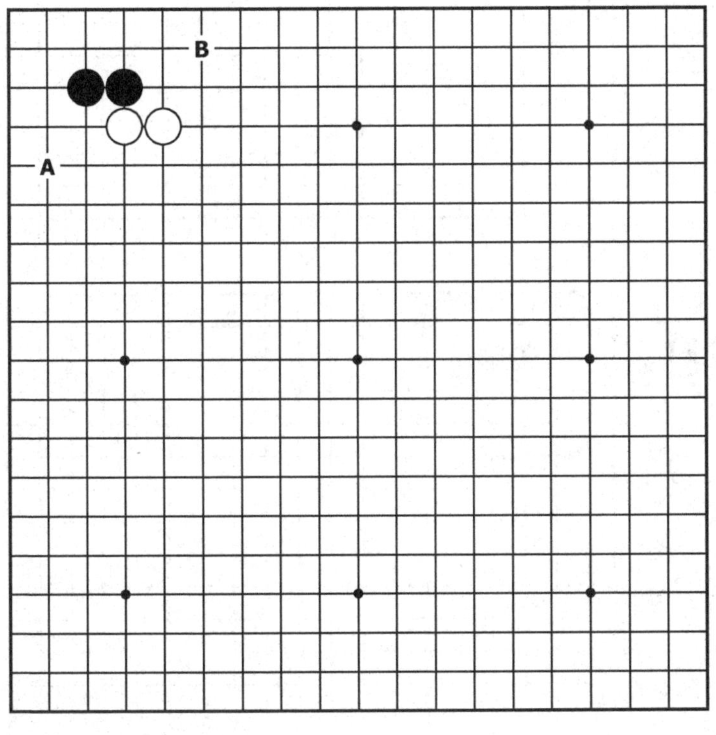

想一想，哪里是正确的选择？在正确选项后面的括号中画「√」。

A（　　）　B（　　）

正解

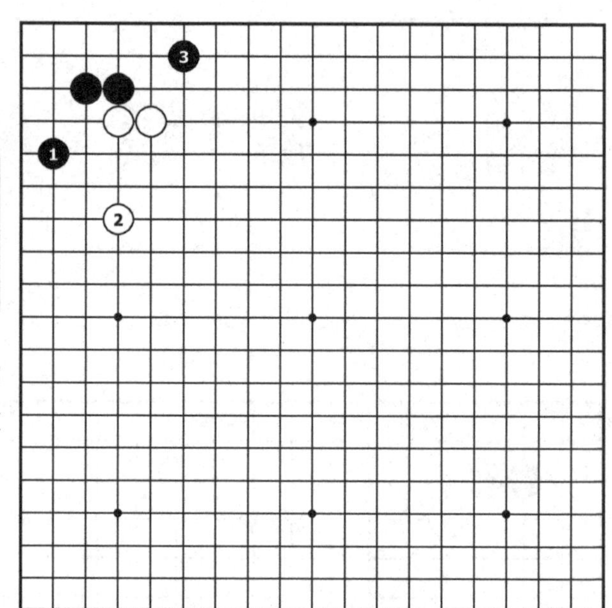

黑1选择正确。如此是定式的标准下法。

错解

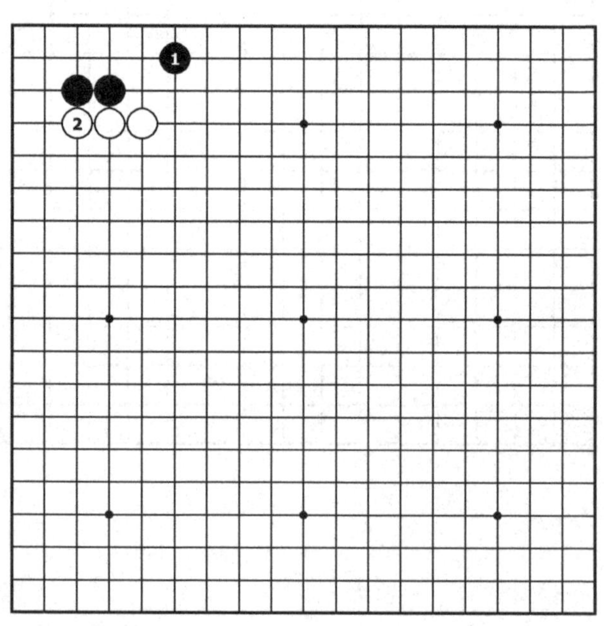

黑1选择错误。白2挡住棋形完整，黑棋方向错了。

第2题（黑先）

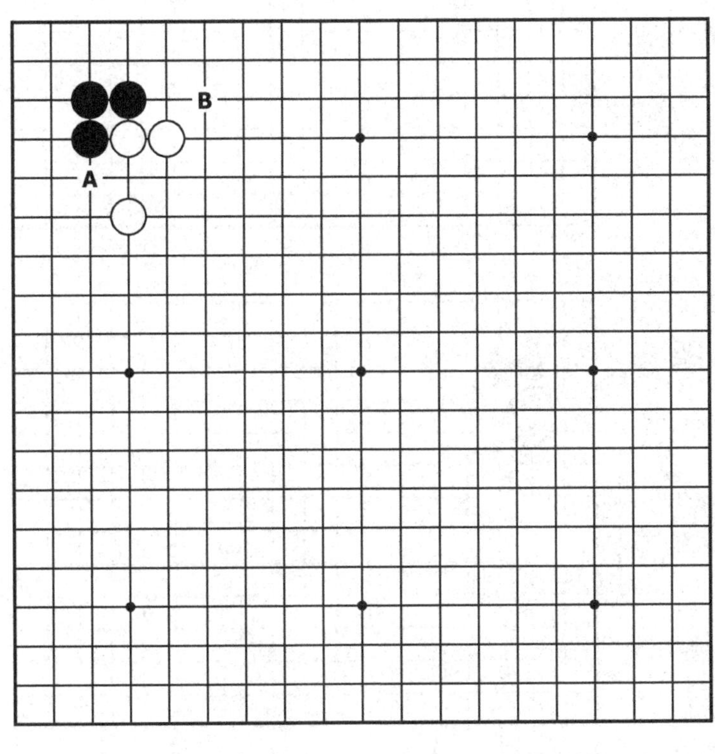

想一想，哪里是正确的选择？在正确选项后面的括号中画「√」。

A（　　）　B（　　）

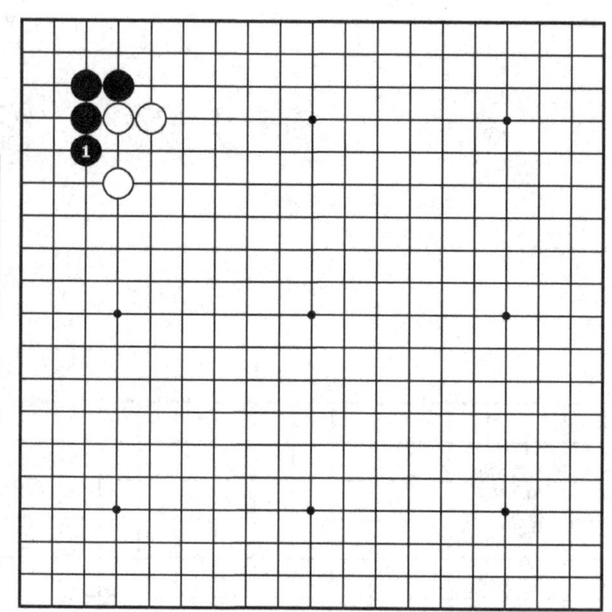

黑1选择正确。如此是定式的标准下法。

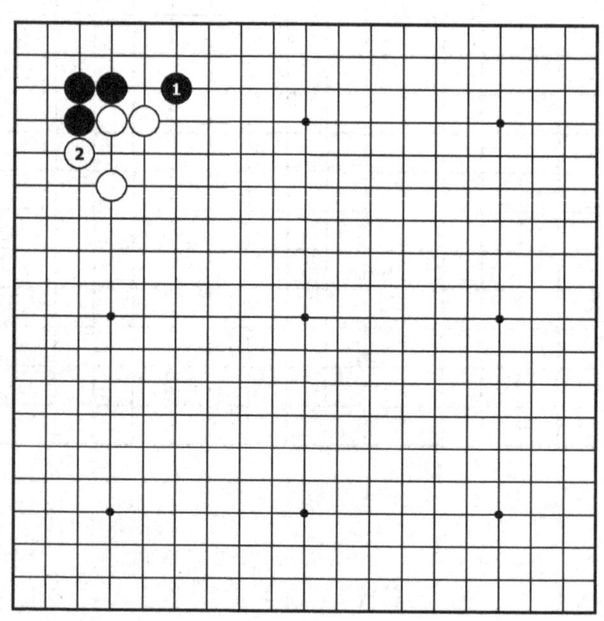

黑1选择错误。白2虎下后棋形完整，黑不满。

3 Q 第3题（黑先）

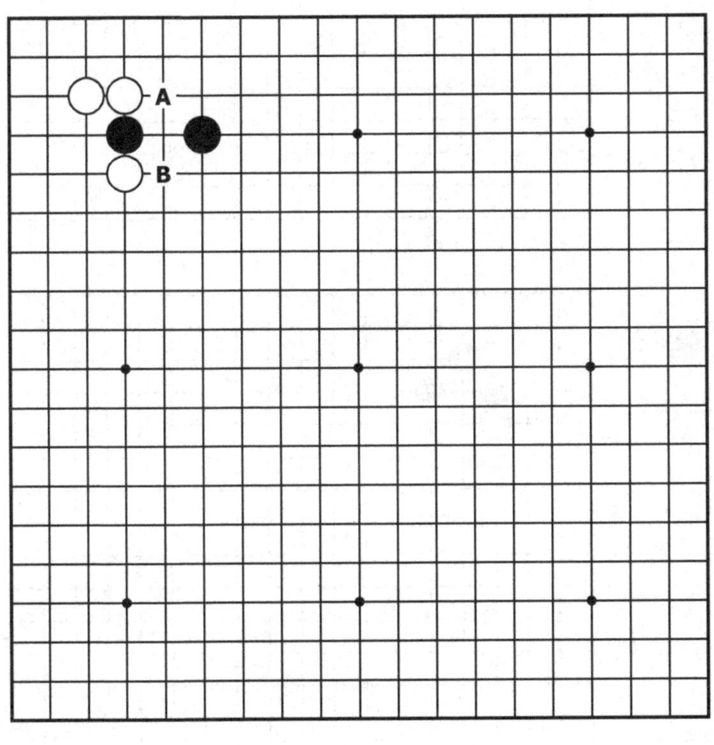

想一想，哪里是正确的选择？在正确选项后面的括号中画「√」。

A（　　）　B（　　）

正解

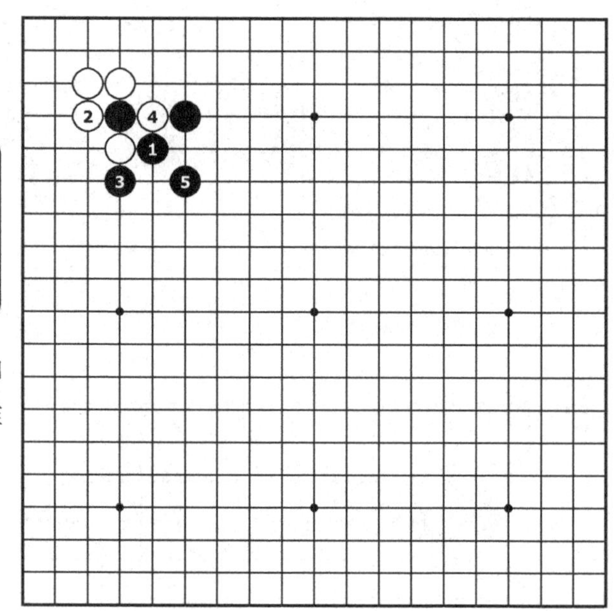

黑1选择正确。如此是定式的标准下法。

错解

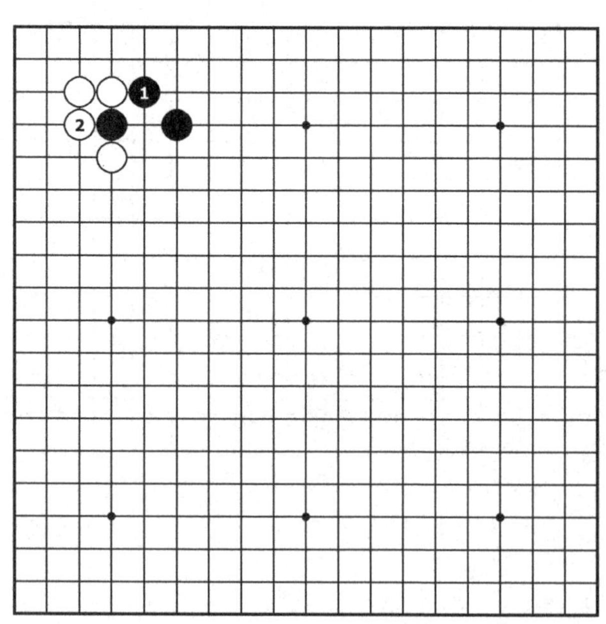

黑1选择错误。白2挡住后黑棋形太薄，不能满意。

第4题（黑先）

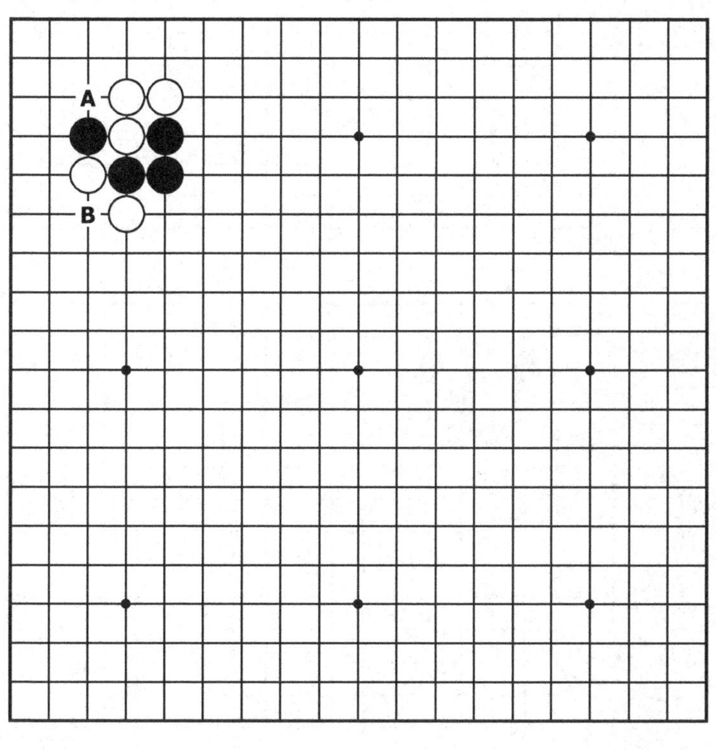

想一想，哪里是正确的选择？在正确选项后面的括号中画「√」。

A（　　）　B（　　）

正 解

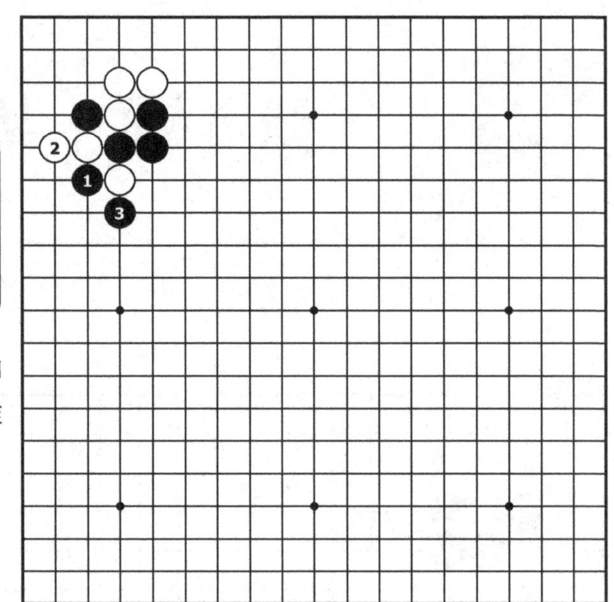

黑1选择正确。如此是定式的标准下法。

错 解

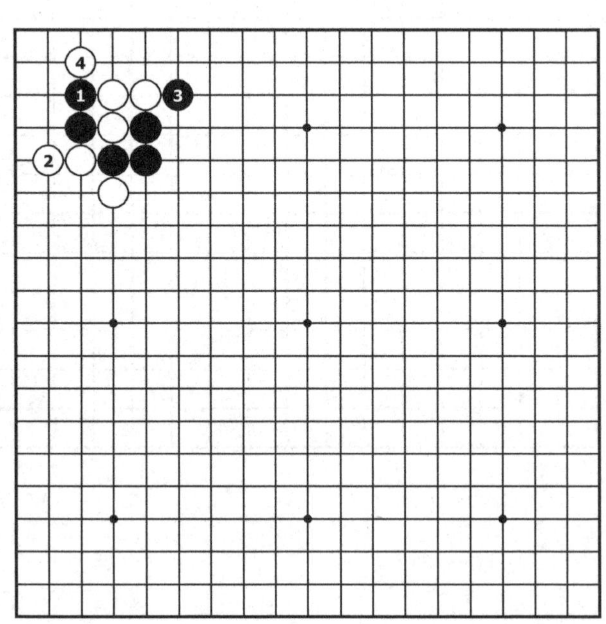

黑1选择错误。这里作战明显不利，如此将陷入被动。

5 第5题（黑先）

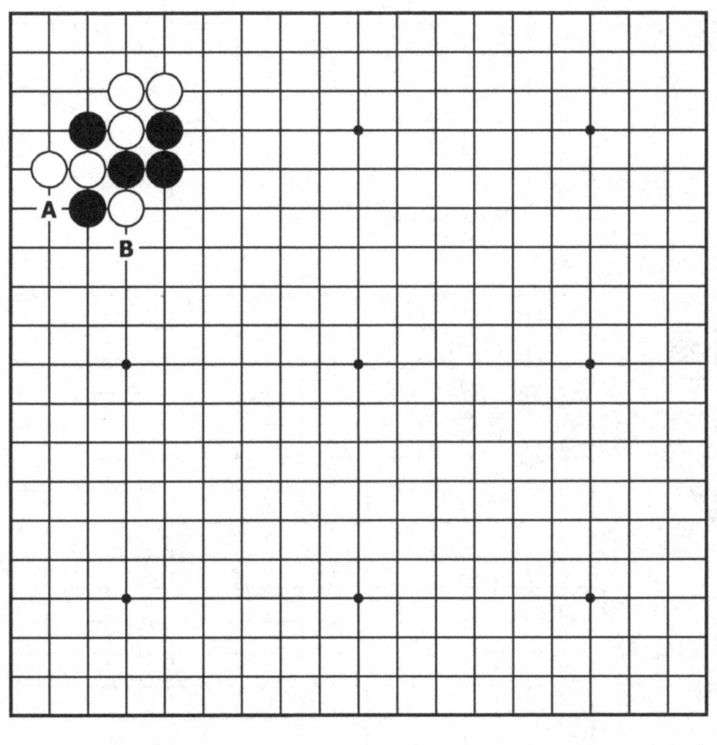

想一想，哪里是正确的选择？在正确选项后面的括号中画「√」。

A（　　）　B（　　）

正解

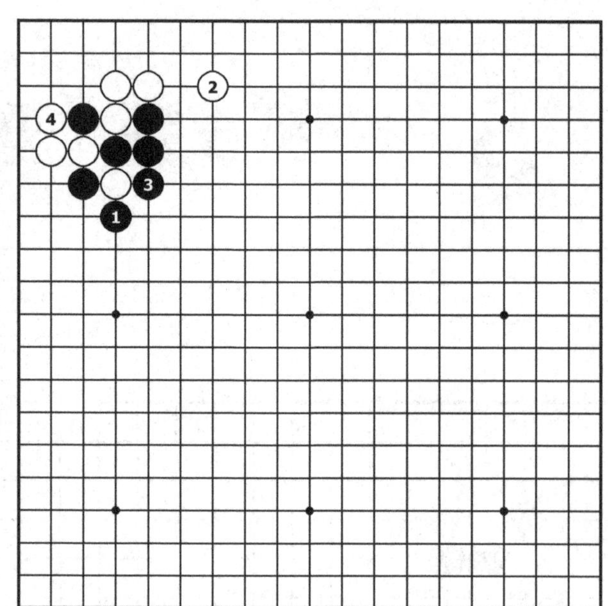

黑1选择正确。如此是定式的标准下法。

错解

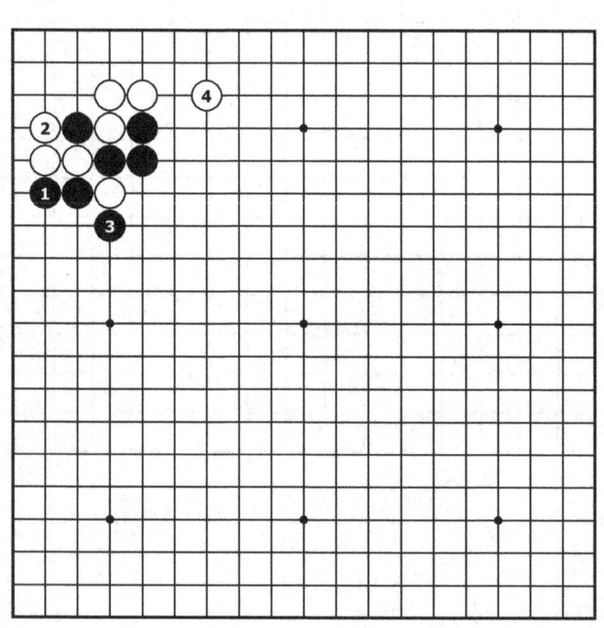

黑1选择错误。此手帮白棋补棋，是大俗手。

第6题（黑先）

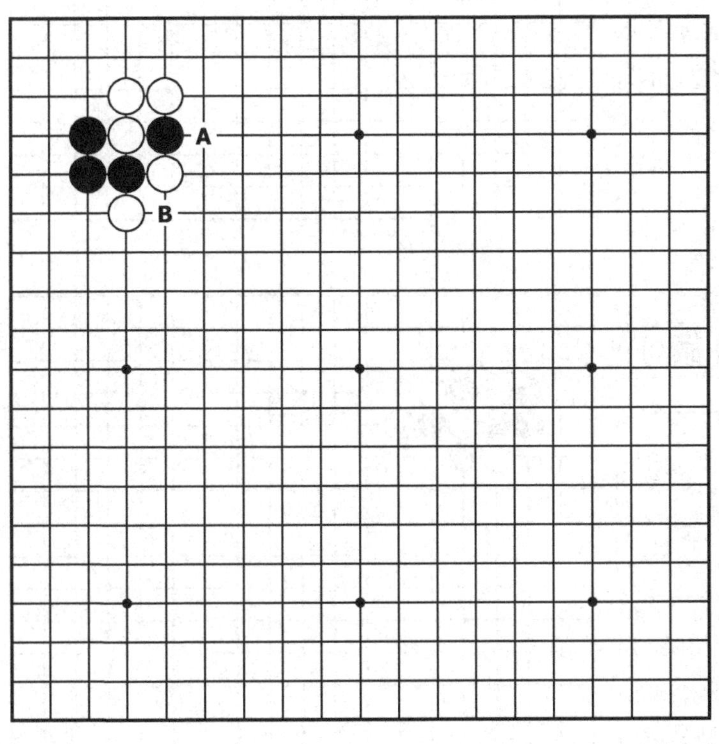

想一想，哪里是正确的选择？在正确选项后面的括号中画「√」。

A（　　）　B（　　）

正解

黑1选择正确。如此是定式的标准下法，接下来会形成激战。

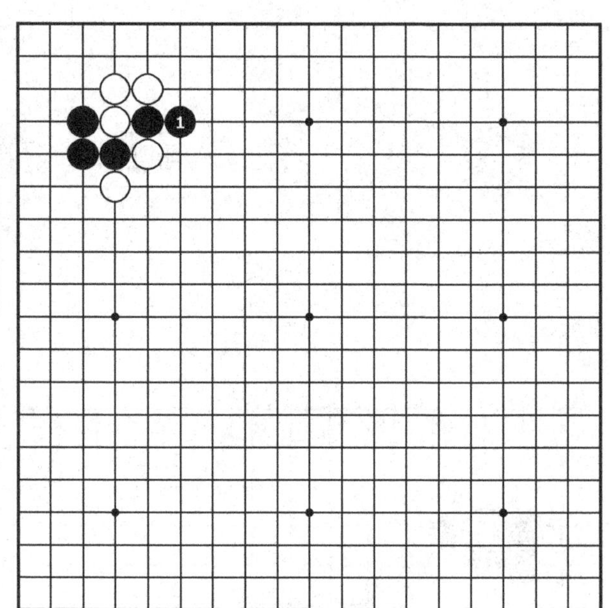

错解

黑1选择错误。白2提一子太满意，这个定型是被淘汰的“老定式”。

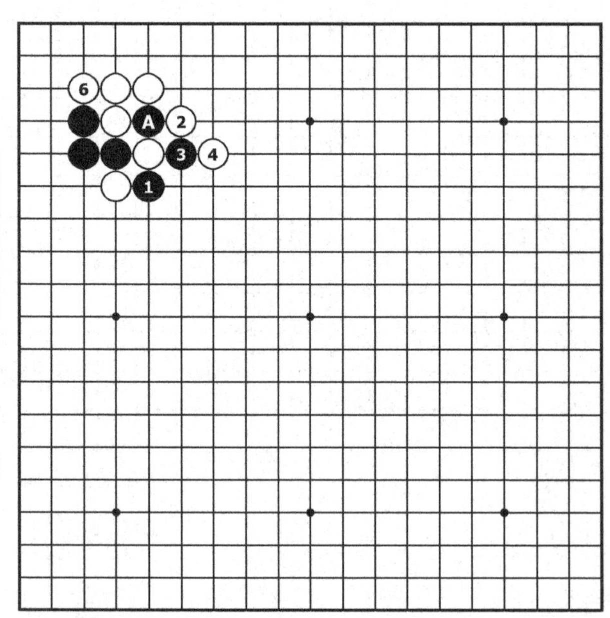

❺ = Ⓐ

7 第7题（黑先）

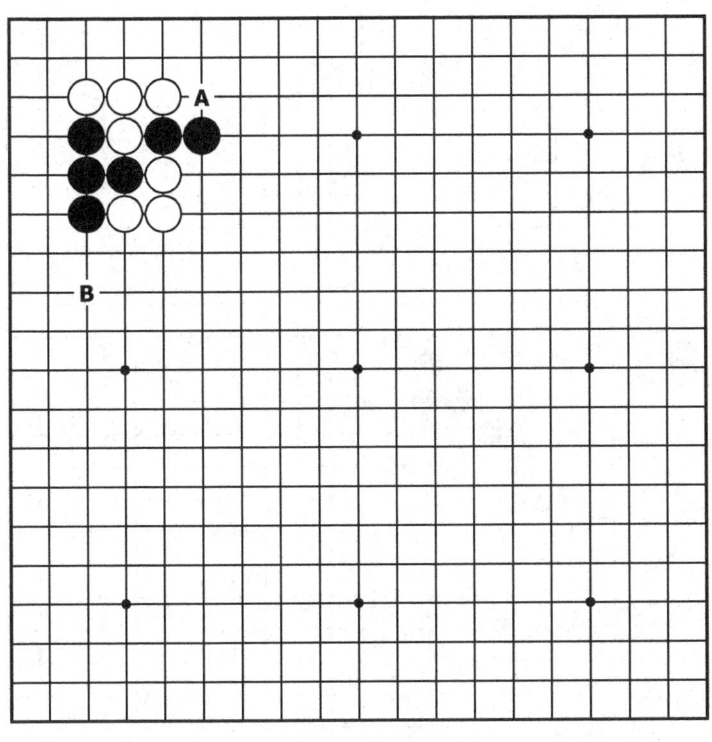

想一想，哪里是正确的选择？在正确选项后面的括号中画「√」。

A（　　）　B（　　）

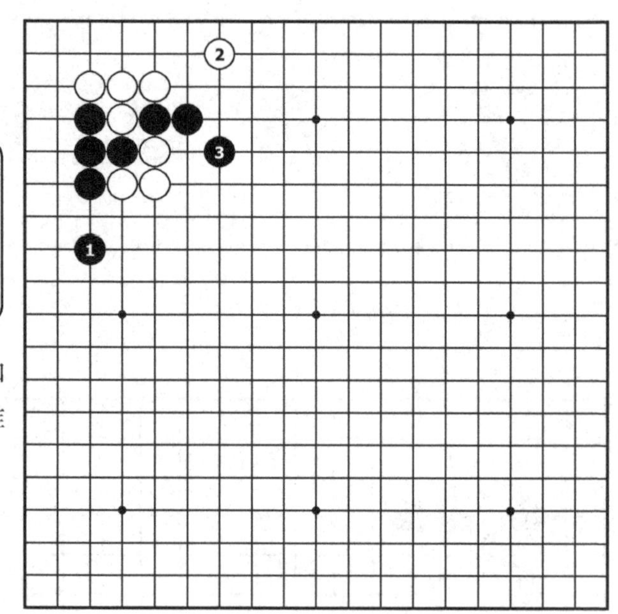

黑1选择正确。如此是定式的标准下法。

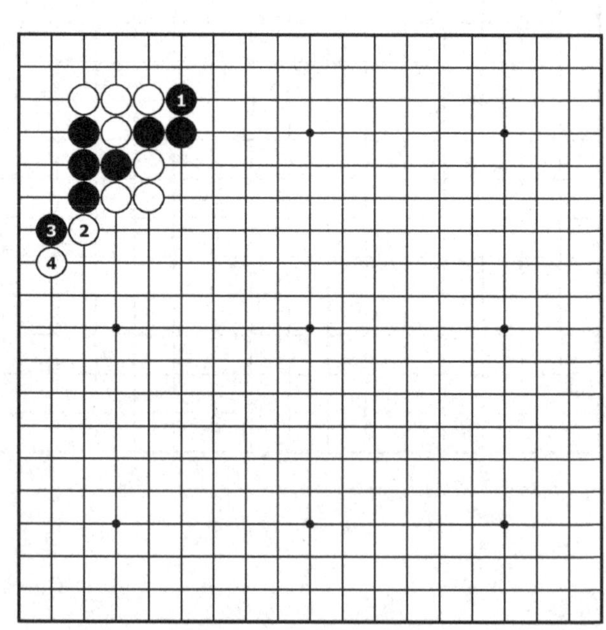

黑1选择错误。这里作战明显不利，如此将陷入被动。

8 第8题（黑先）

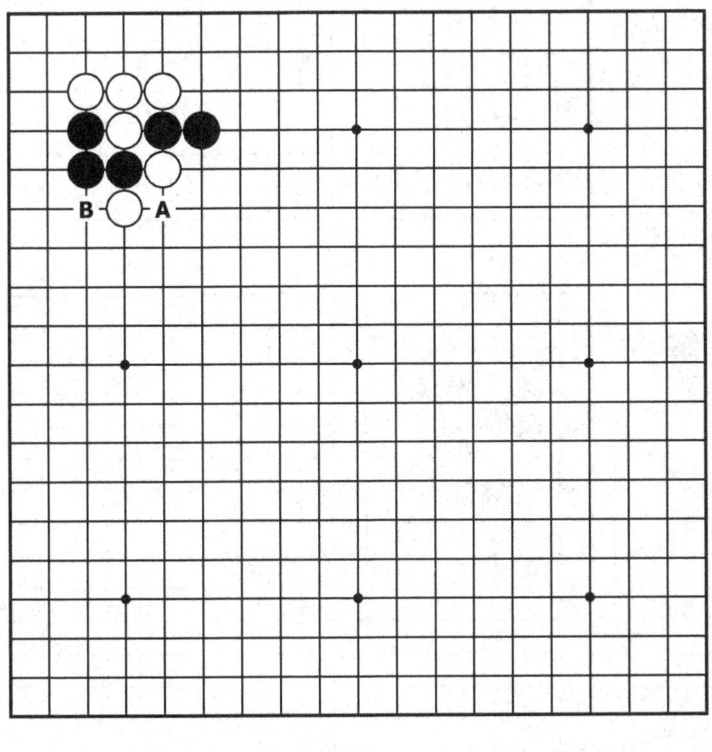

想一想，哪里是正确的选择？在正确选项后面的括号中画「√」。

A（　　）　B（　　）

正解

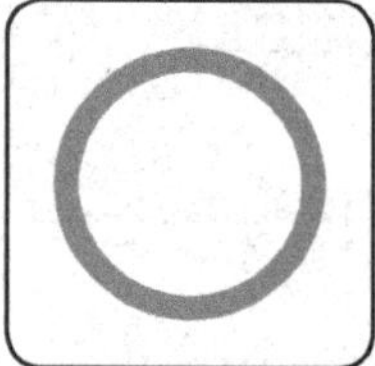

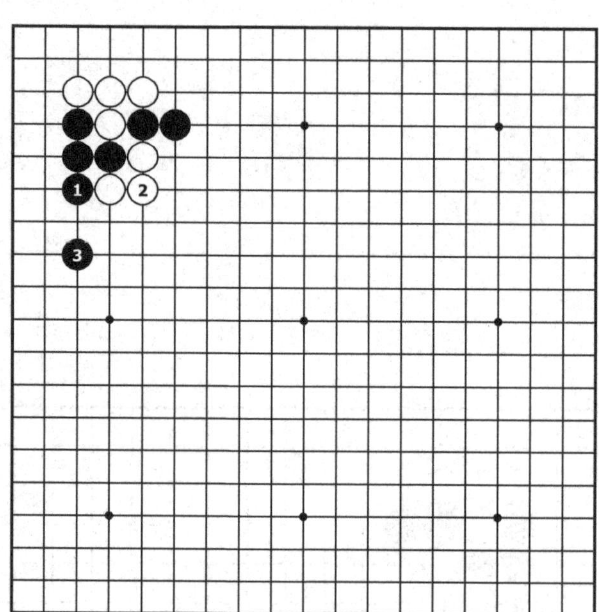

黑1选择正确。如此是定式的标准下法。

错解

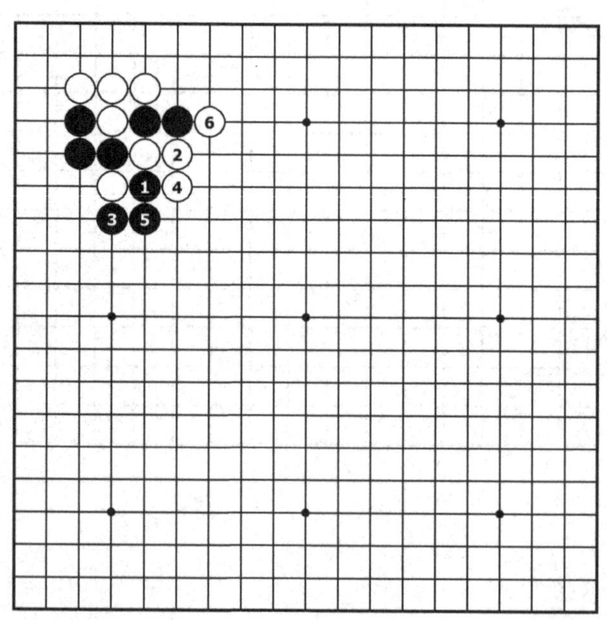

黑1选择错误。这里作战明显不利，如此将陷入被动。

第9题（黑先）

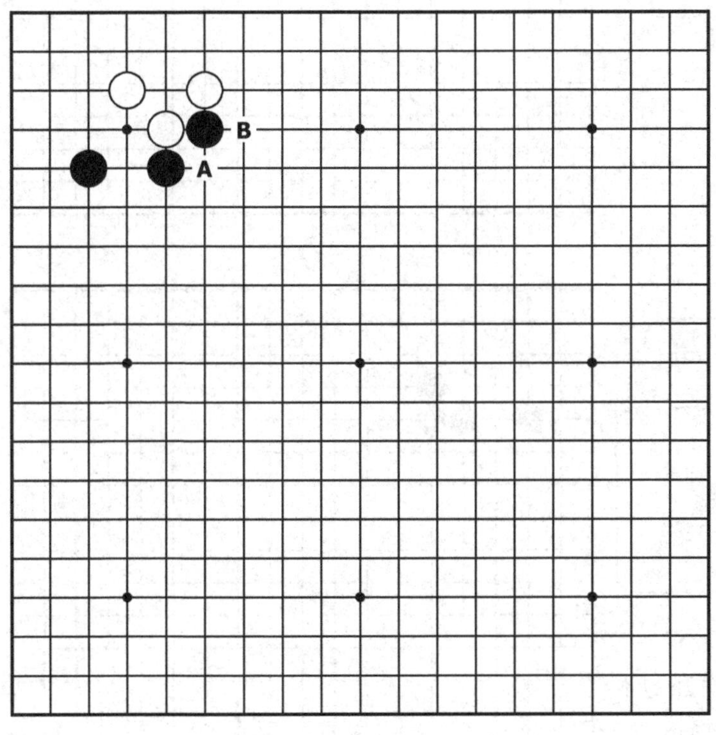

想一想，哪里是正确的选择？在正确选项后面的括号中画「√」。

A（　　）　B（　　）

正解

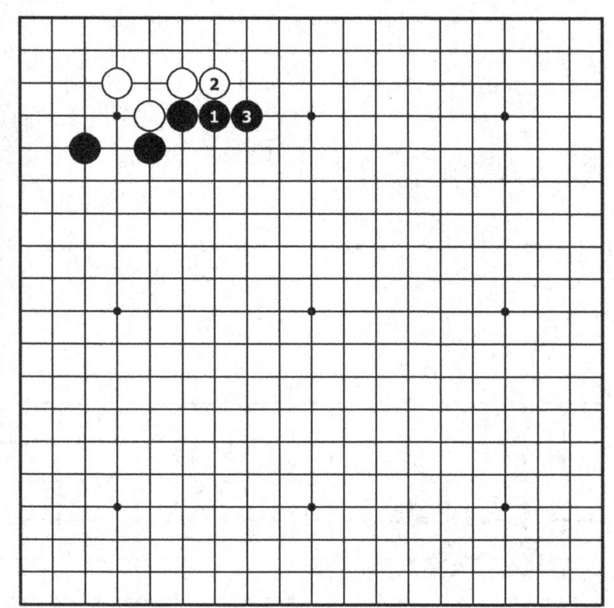

黑1选择正确。如此是定式的标准下法。

错解

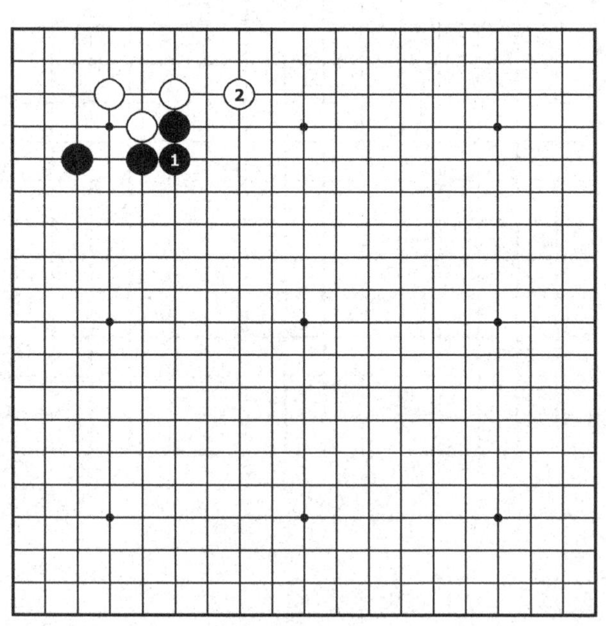

黑1选择错误。此手对白方压力不够，白2跳出，黑棋不能满意。

10 第10题（黑先）

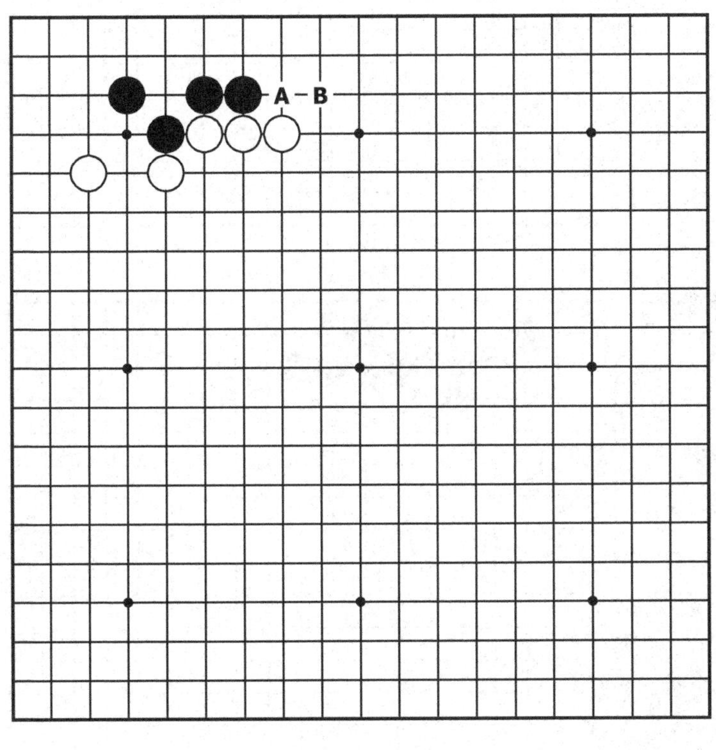

想一想，哪里是正确的选择？在正确选项后面的括号中画「√」。

A（　　）　B（　　）

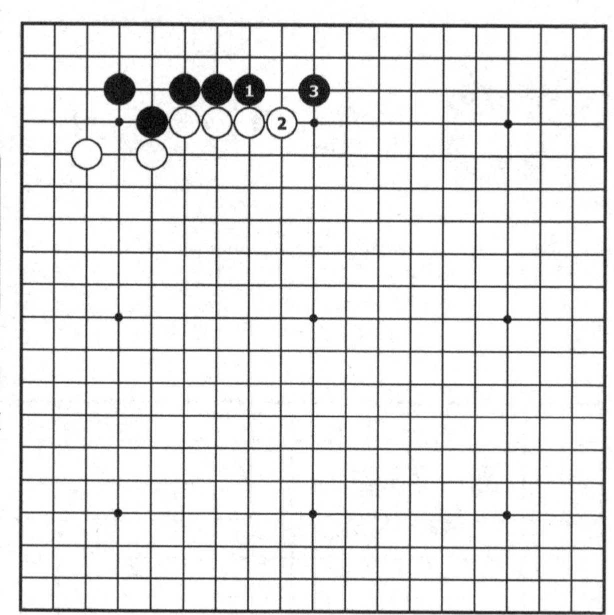

黑1选择正确。如此是定式的标准下法。

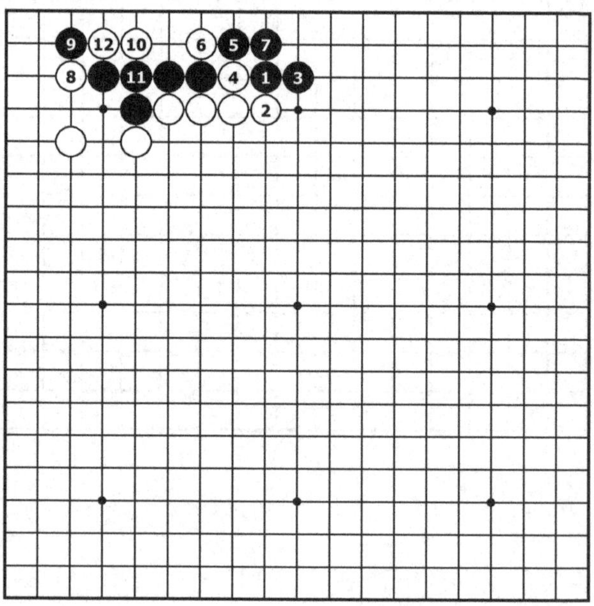

黑1选择错误。白2、白4、白6是完美的组合拳，黑棋难受。白8托后于10位点又是妙手，黑棋实地损失惨重。

11 第11题（黑先）

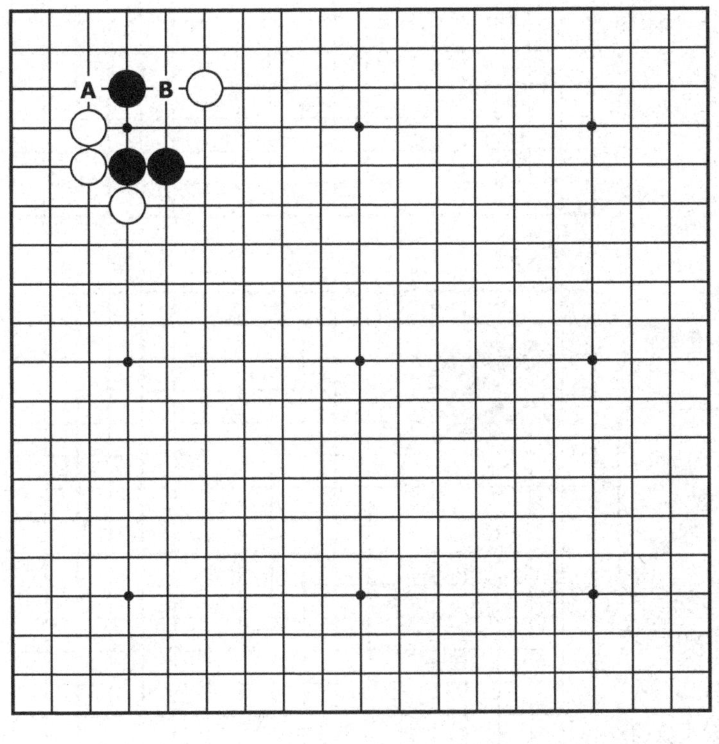

想一想，哪里是正确的选择？在正确选项后面的括号中画「√」。

A（　　）　B（　　）

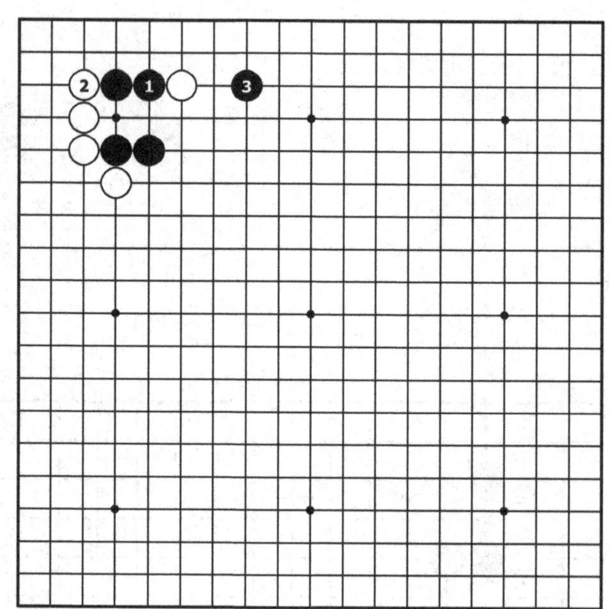

黑1选择正确。如此是定式的标准下法。

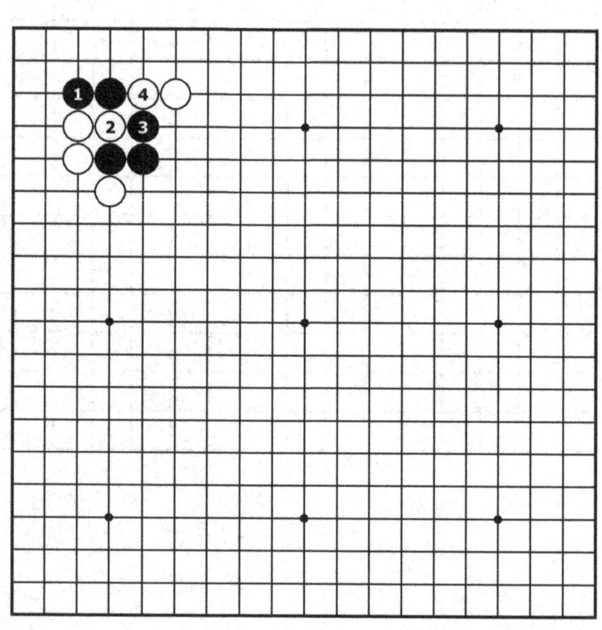

黑1选择错误。这里作战明显不利，如此将陷入被动。

12 第12题（黑先）

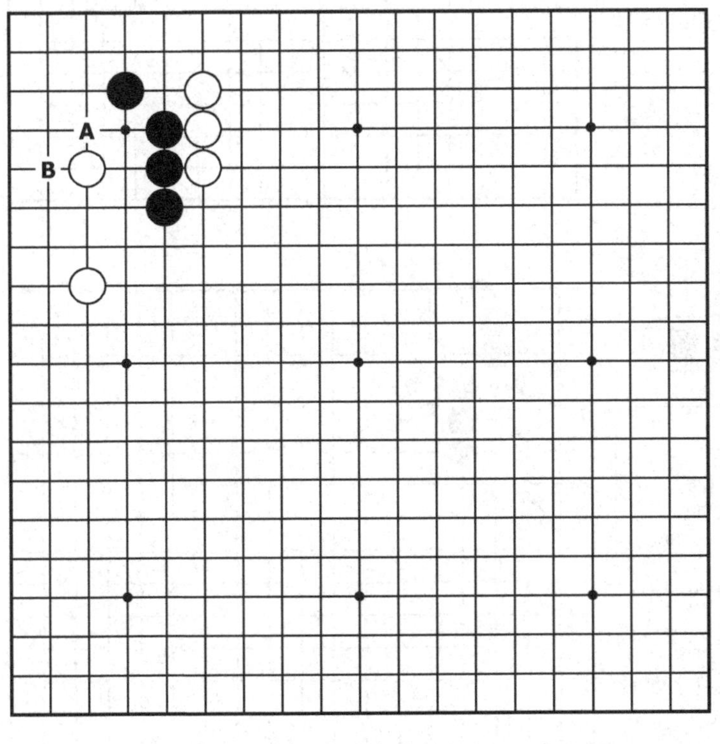

想一想，哪里是正确的选择？在正确选项后面的括号中画「√」。

A（ ） B（ ）

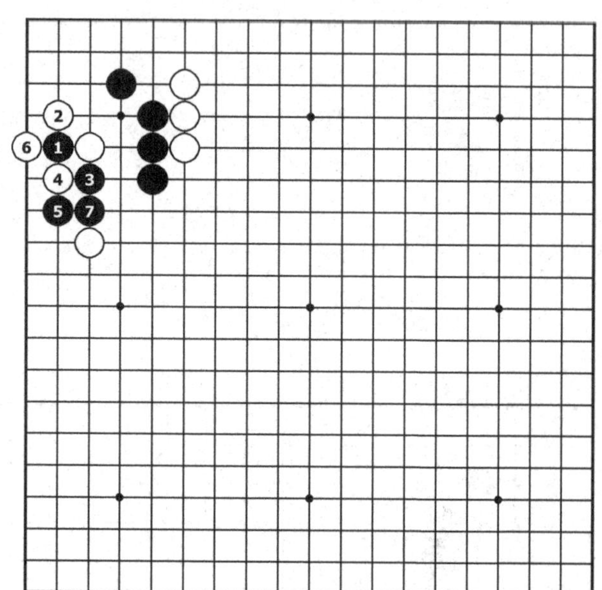

黑1选择正确。如此是定式的标准下法。

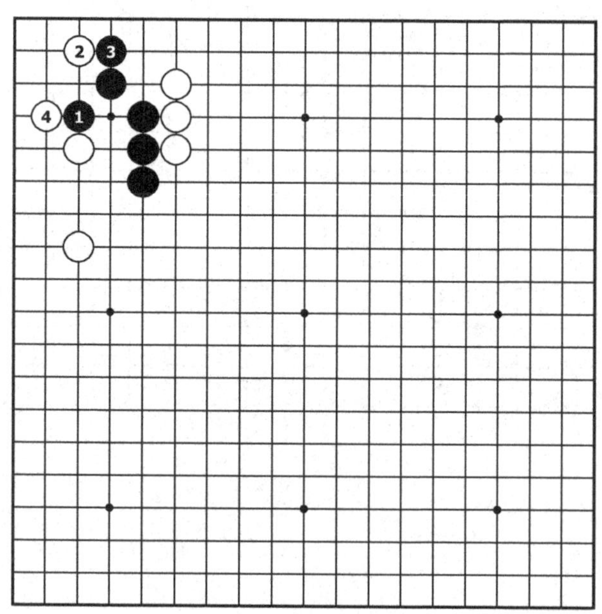

黑1选择错误。白2点是妙手，如此黑棋左右为难。

13 第13题（黑先）

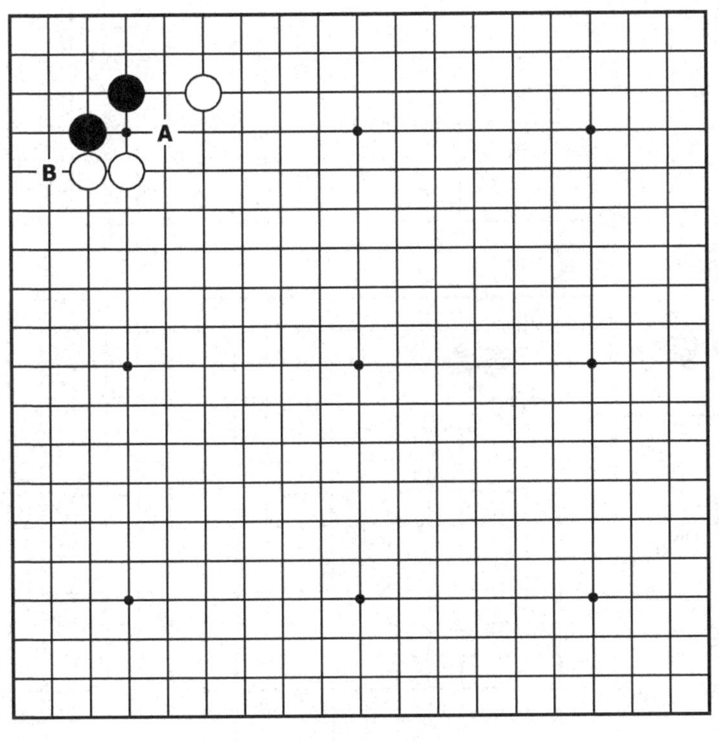

想一想，哪里是正确的选择？在正确选项后面的括号中画「√」。

A（　　）　B（　　）

正解

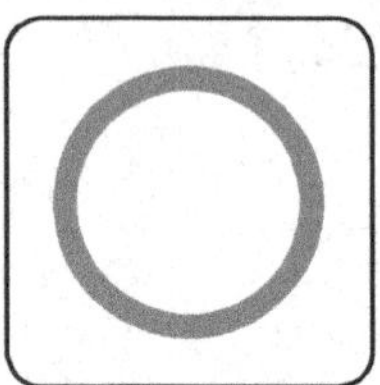

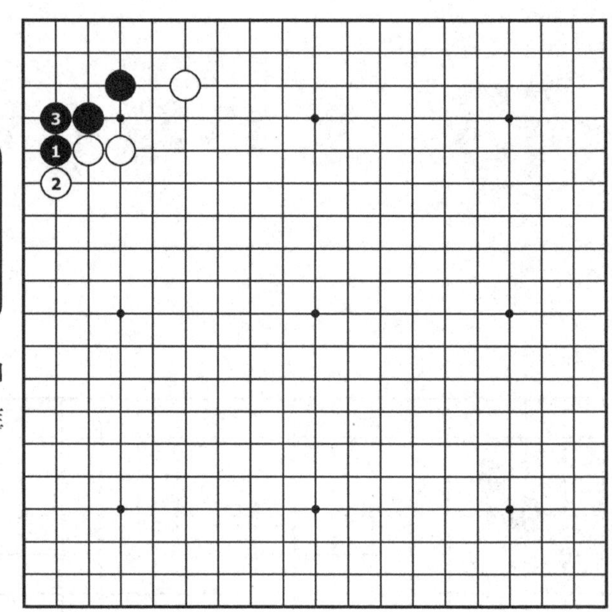

黑1选择正确。如此是定式的标准下法。

错解

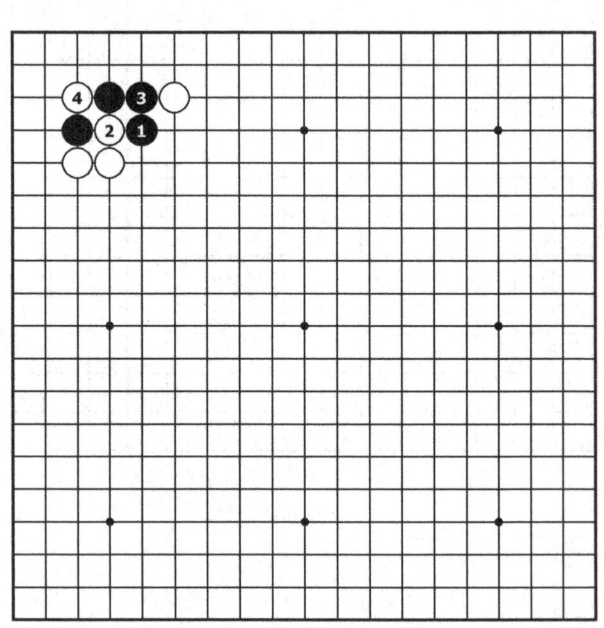

黑1选择错误。此处出头是过分的下法，白2挤后黑棋左右无法两全。

14 第14题（黑先）

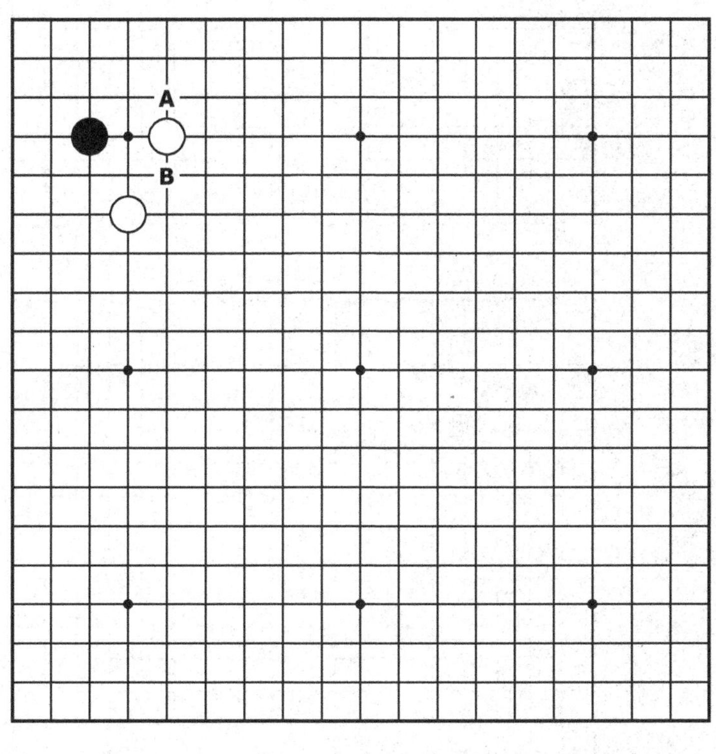

想一想，哪里是正确的选择？在正确选项后面的括号中画「√」。

A（　　）　B（　　）

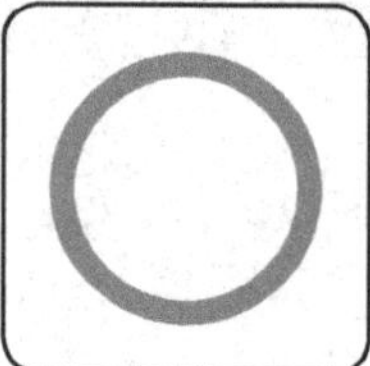

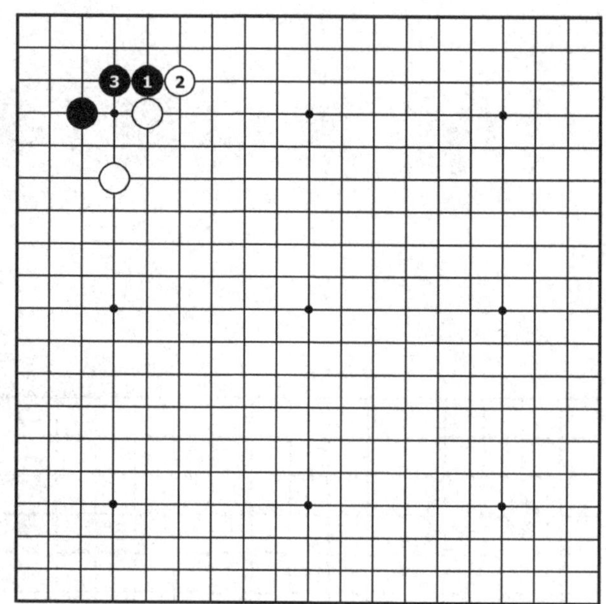

黑1选择正确。如此是定式的标准下法。

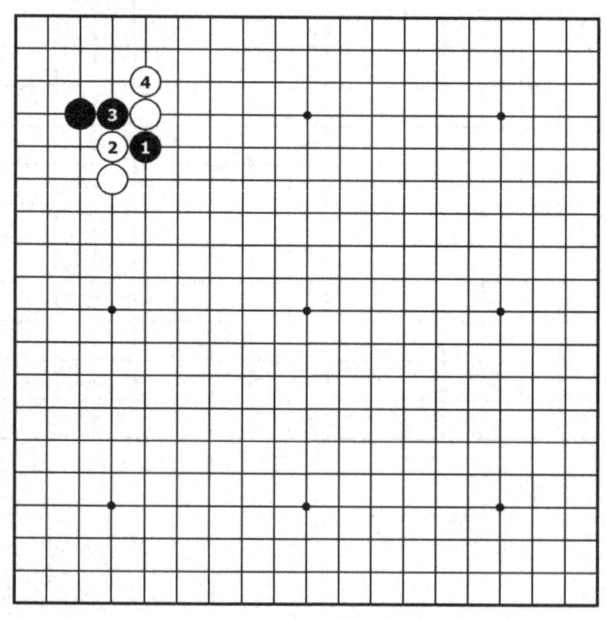

黑1选择错误。这里作战明显不利，如此将陷入被动。

15 第15题（黑先）

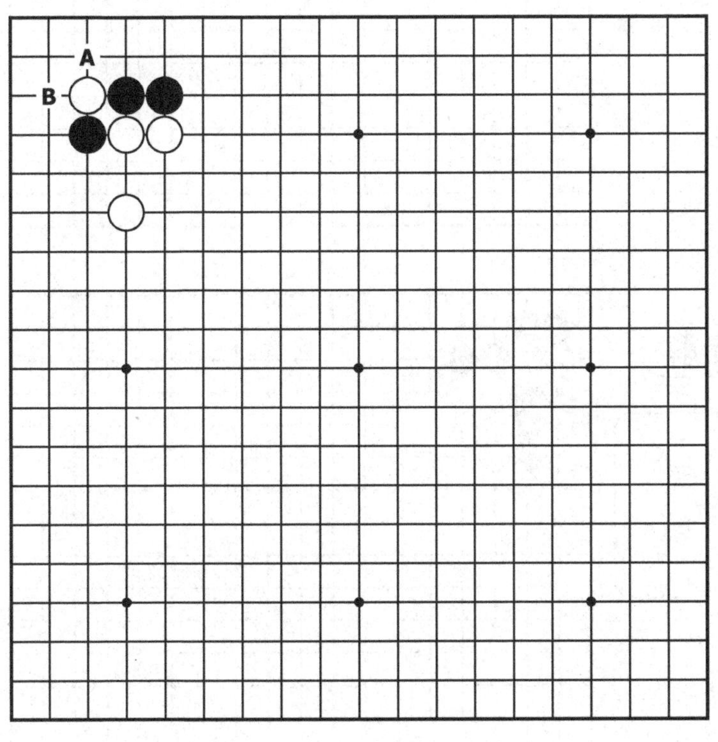

想一想，哪里是正确的选择？在正确选项后面的括号中画「√」。

A（　　）　B（　　）

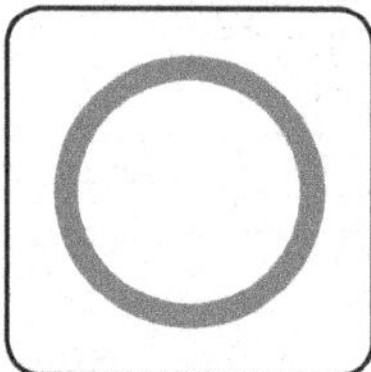

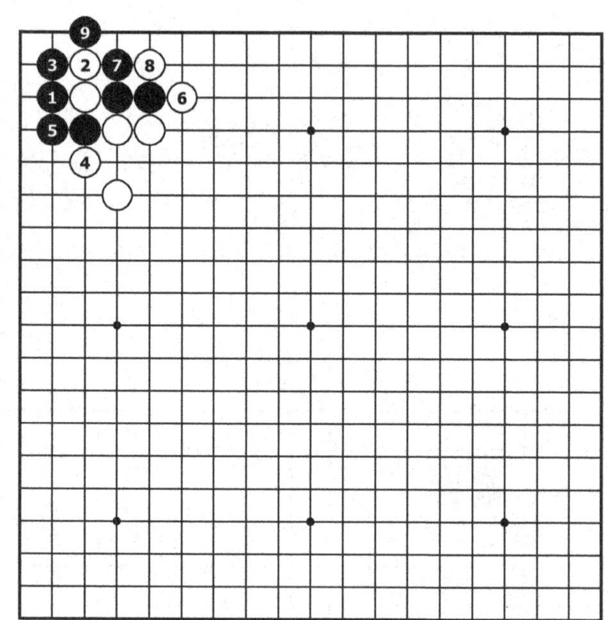

黑1选择正确。如此是定式的标准下法。

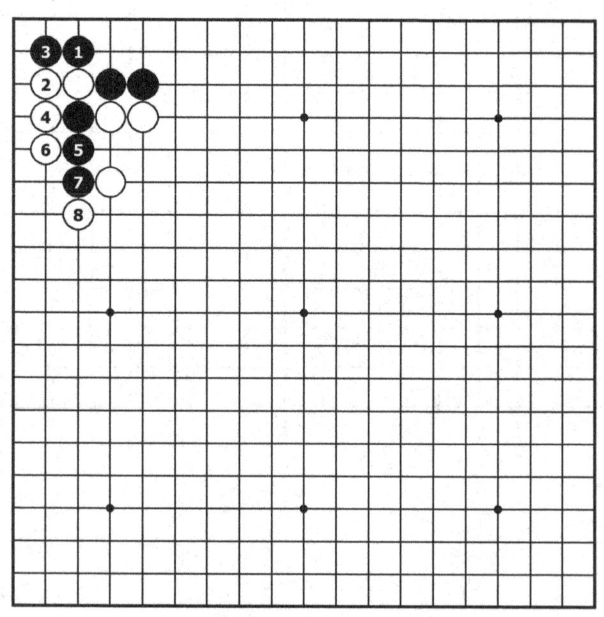

黑1选择错误。局部打吃方向错误，白2以下可以吃掉黑棋筋。黑棋失败。

16 第16题（黑先）

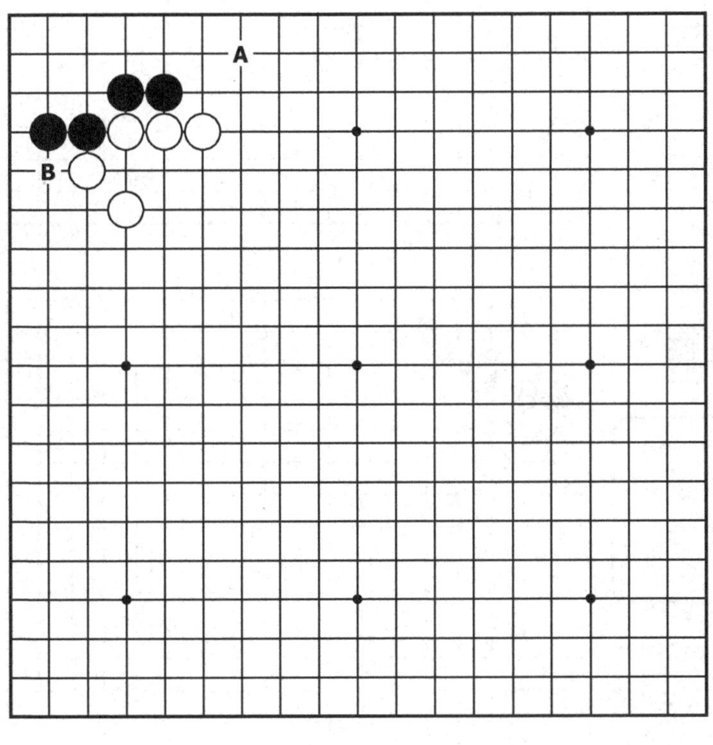

想一想，哪里是正确的选择？在正确选项后面的括号中画「√」。

A（　　）　B（　　）

正 解

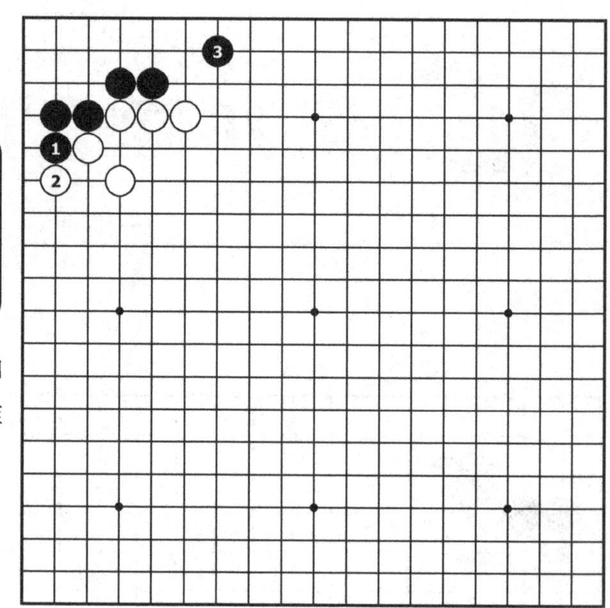

黑1选择正确。如此是定式的标准下法。

错 解

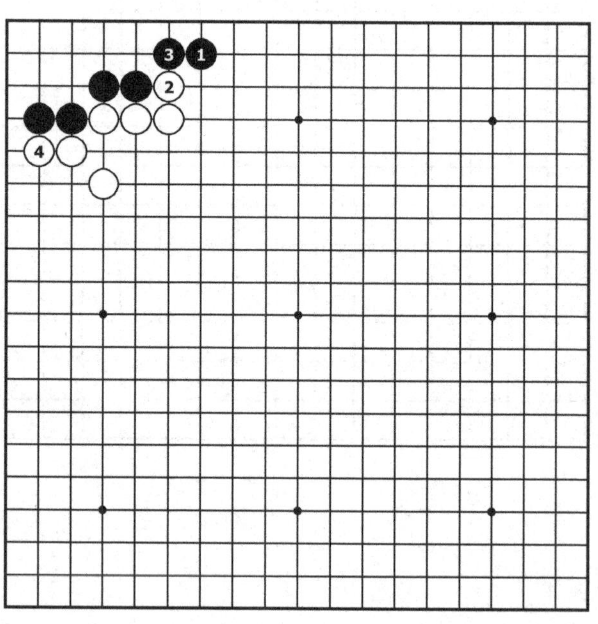

黑1选择错误。次序错了，白2先冲再于4位挡，黑棋角上还要补，太难受。

17 第17题（黑先）

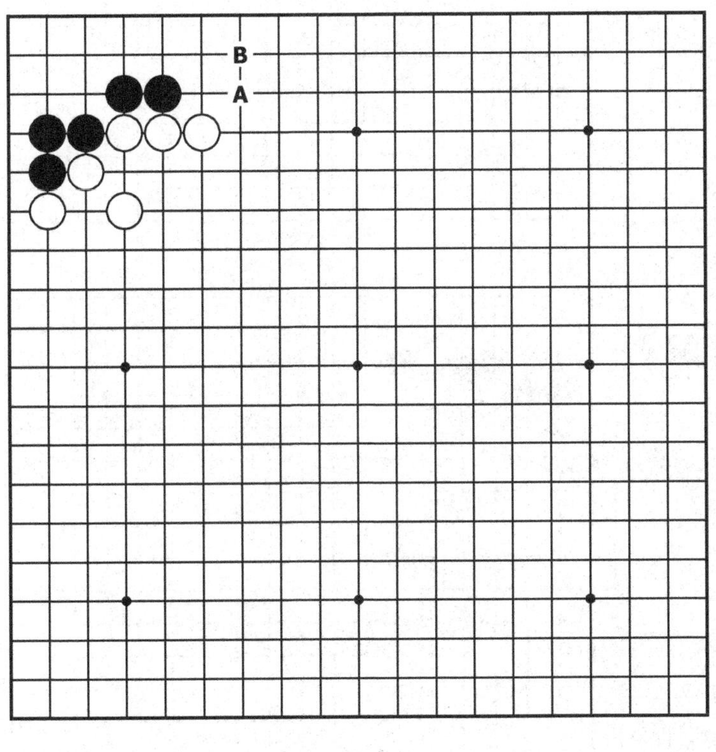

想一想，哪里是正确的选择？在正确选项后面的括号中画「√」。

A（　　）　B（　　）

正解

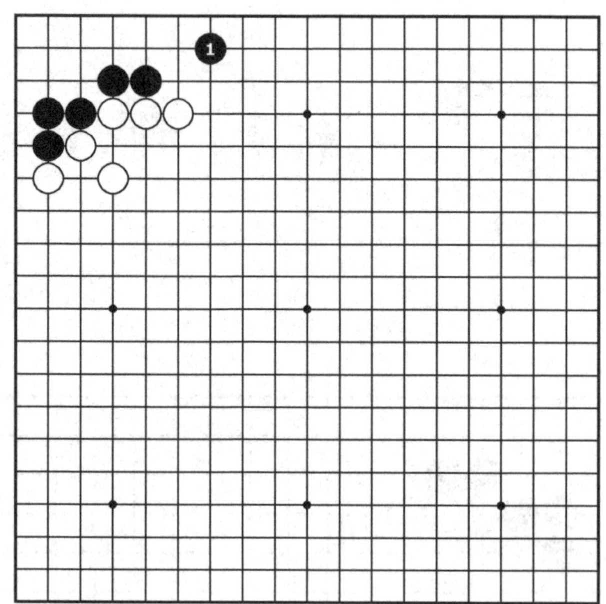

黑1选择正确。如此是定式的标准下法。

错解

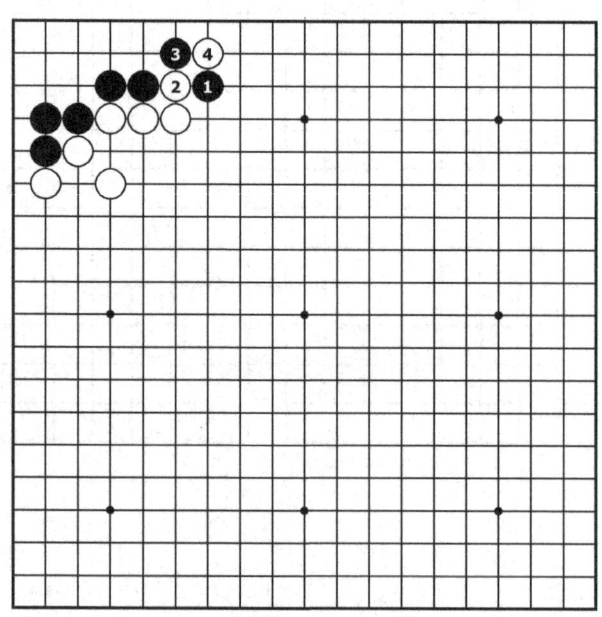

黑1选择错误。白2、白4冲断后黑棋局部难以收拾。

18 第18题（黑先）

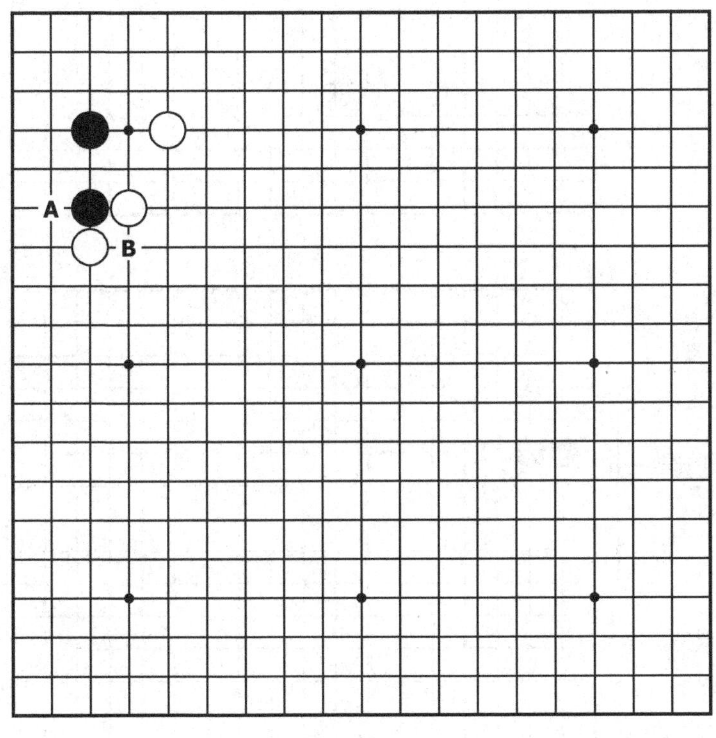

想一想，哪里是正确的选择？在正确选项后面的括号中画「√」。

A（　　）　B（　　）

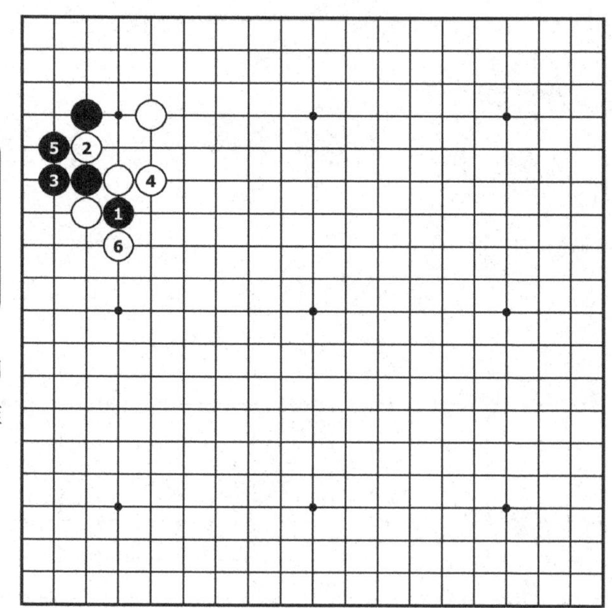

黑1选择正确。如此是定式的标准下法。

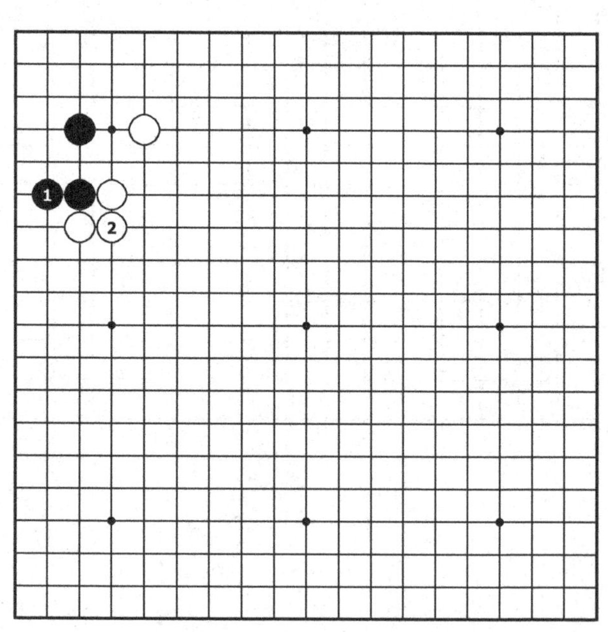

黑1选择错误。此手太过软弱，白2接住后局部棋形完整，黑棋失败。

19 第19题（黑先）

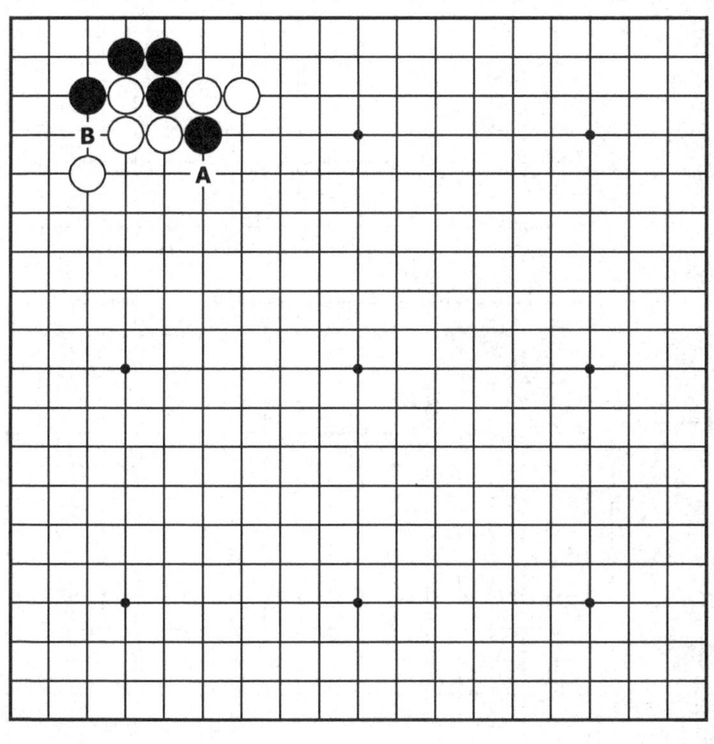

想一想，哪里是正确的选择？在正确选项后面的括号中画「√」。

A（ ） B（ ）

正解

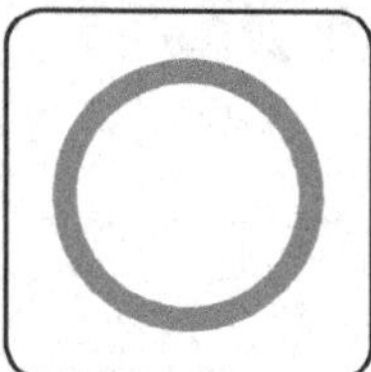

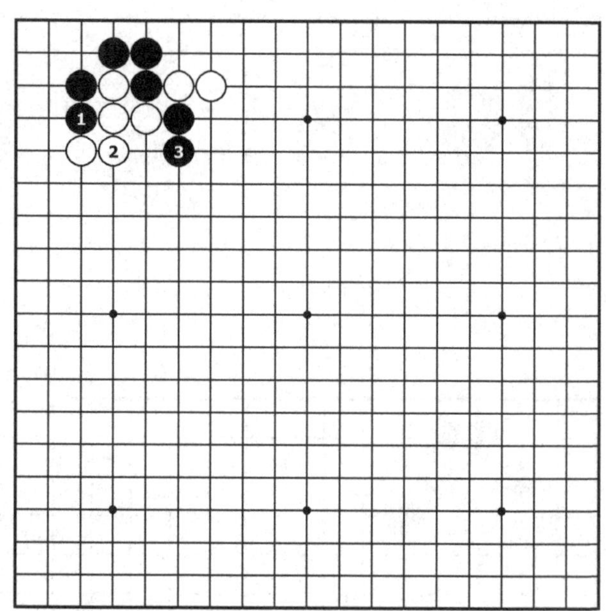

黑1选择正确。如此是定式的标准下法。

错解

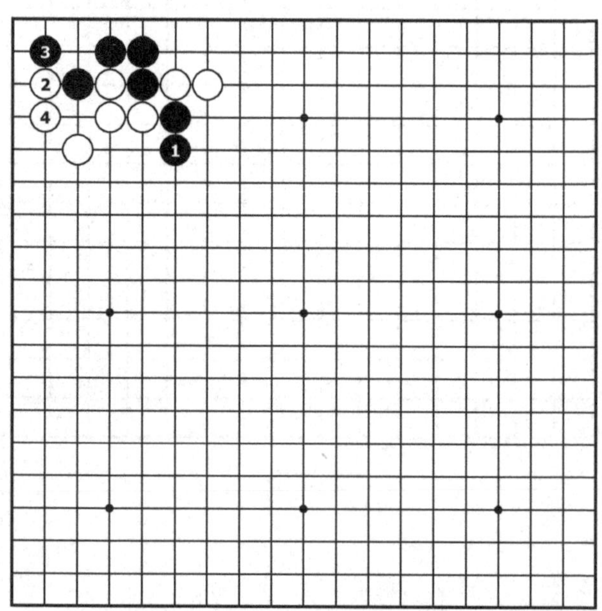

黑1选择错误。此手过分，白2夹后黑棋角部不活。